Antje Bayer

DIE SCHÖNSTEN AUSFLÜGE

HITS FÜR KIDS IN FRANKEN

Freizeittipps für die ganze Familie

J. BERG

Inhalt

Vorwort. 6

Abenteuer draußen

1   Erlebnispark Schloss Thurn 14

2   Fränkisches Freilandmuseum Fladungen 18

3   Fossilienklopfplätze in Franken 21

4   Freizeit-Land Geiselwind 24

5   Abenteuerpark Betzenstein 26

6   Wildpark Schloss Tambach 28

7   Fränkisches Wunderland Plech 30

8   Idea DschungelParadies Neuenmarkt 33

9   Märchenwald Sambachshof 36

10 Playmobil-FunPark in Zirndorf 38

11 Wasserwandern in Franken 40

12 Bikepark Osternohe 42

13 Tiergarten Nürnberg 44

14 Dampfbahn Fränkische Schweiz 47

15 Klingender Wasserfall 50

16 Handwerkerhof Nürnberg 52

17 Wildpark Bad Mergentheim 54

18 Sommerrodelbahn Ochsenkopf 56

19 Naturlehrpfad »Rund um die Wilhelmine« Sommerkahl 58

20 Botanischer Garten Erlangen 60

21 Streichelgehege Arche Noah 63

22 Zoo Hof 65

23 Greifvogel- und Eulenpark Burg Rabenstein 67

24 Waldwichtelweg in Marktheidenfeld 70

25 Wintersport 72

Abenteuer drinnen

26 Spessartmuseum 78

27 Coburger Puppenmuseum 80

Himmelsstürmer

Inhalt

28 Tucherland Nürnberg 82

29 Kletter-Seil-Erlebnispark Magnesia 84

30 Kindertheater 87

31 Schule der Phantasie in Fürth 90

32 Museum 3. Dimension 92

33 Brüder Grimm-Haus Steinau 94

Mit dem Rad die Natur entdecken

34 Kaiserburg Nürnberg 96

35 Bowling Aschaffenburg 99

36 Schloss Steinau 101

37 Kriminalmuseum Rothenburg 103

38 Miniatur-Erlebniswelt Dietenhofen 105

39 Naturkundemuseum Bamberg 107

40 Meerettichmuseum Baiersdorf 109

41 Museum der Deutschen Spielzeugindustrie Neustadt 111

42 Museum im Kulturspeicher Würzburg 113

43 turmdersinne Nürnberg 116

44 Schulmuseum Schloss Aschach 118

45 Kart Center Franken 120

46 Erlebnisbad Novamare Neuendettelsau 122

47 Therme Obernsees 124

48 CabrioSol Pegnitz 126

49 Juramar Pottenstein 128

Freibäder und Badeseen

50 Freibäder und Badeseen 132

Feste

51 Feste 138

Register 142

Impressum 144

Vorwort

Wieder ist eine ereignisreiche Zeit vergangen und das Wochenende ist endlich da. Was machen wir am besten? Je nachdem, was der Wetterfrosch voraussagt, ist man vielleicht ratlos und verliert sich in Überlegungen. Dieser kleine Freizeitführer hilft bei der Entscheidung. Gut strukturiert und in einem handlichen Format ist er ein treuer Begleiter für die Familie vor und während der Ausflüge.

In diesem Familien-Freizeitführer entdecken Eltern und ihre Kinder eine Auswahl an Ideen. Darunter befinden sich Tipps, die die Geldbörse nicht übermäßig strapazieren und solche, für die es sich durchaus lohnt, ein wenig mehr zu investieren.

Kalle ist ein Sportfan, aber die Hilde umgibt sich lieber mit Puppen. Mama liebt Kunst und Papa das Abenteuer. Welche Kinderführungen gibt es im nahe gelegenen Zoo oder was kann man in einem Museum erleben? Ein Spaziergang inmitten außergewöhnlicher Pflanzen ist das Highlight für Lisa, während Maria sich auf dem Spielplatz am wohlsten fühlt. So unterschiedlich auch die Interessen sind, in dem kleinen Buch findet jeder das, was zu ihm passt. Außerdem erhalten Sie mithilfe von »Hits für Kids« Informationen zu Festen in der Region oder auch zu Zielen in der frostigen Jahreszeit.

In diesem Freizeitführer kann man sich über 50 Freizeitangebote informieren. Diese werden in der Regel für Kinder im Alter von null bis zwölf Jahren empfohlen. Das Frankenland mit seiner Geschichte, mit seinen Flüssen und Bergen bietet viele Möglichkeiten zur Freizeitgestaltung. Hier wird gewandert, geradelt oder die Natur mit dem Kanu entdeckt. Idyllische Zugfahrten sind ebenfalls möglich. Klettern, Golf, Nordic Walking oder Skifahren werden in dieser Region von den Einheimischen ausgeübt.

Zur Region gehören die Bezirke Oberfranken, Unterfranken und Mittelfranken, das ostfränkisch sprechende Thüringen sowie die Region Heilbronn-Franken in Baden-Württemberg. Die großen Städte sind Würzburg, Nürnberg, Fürth, Bayreuth, aber auch Hof, Coburg, Aschaffenburg und Erlangen. Mehrere Naturparks wie der Naturpark Steigerwald, der Naturpark Altmühltal oder auch der Naturpark Frankenhöhe wollen entdeckt werden. Ebenfalls sehr interessant ist der Besuch des Spessarts mit seinen Räubergeschichten oder die Bayerische Röhn.

Wichtige Flüsse in Franken sind die Regnitz und der Main. Die Tauber, die Pegnitz oder die Rednitz und die Fränkische Saale sind die dazugehörigen Nebenflüsse.

Wer Franken zur Weihnachtszeit einen Besuch abstattet, wird feststellen, dass in Teilen des Landes der Pelzmärtel (Pelzemärtel, Pelzermärtel, Pelzamärdl oder Pelzmartin) die Kinder am 11. November besucht. Der Nikolaus kann zusätzlich am 6. Dezember kommen.

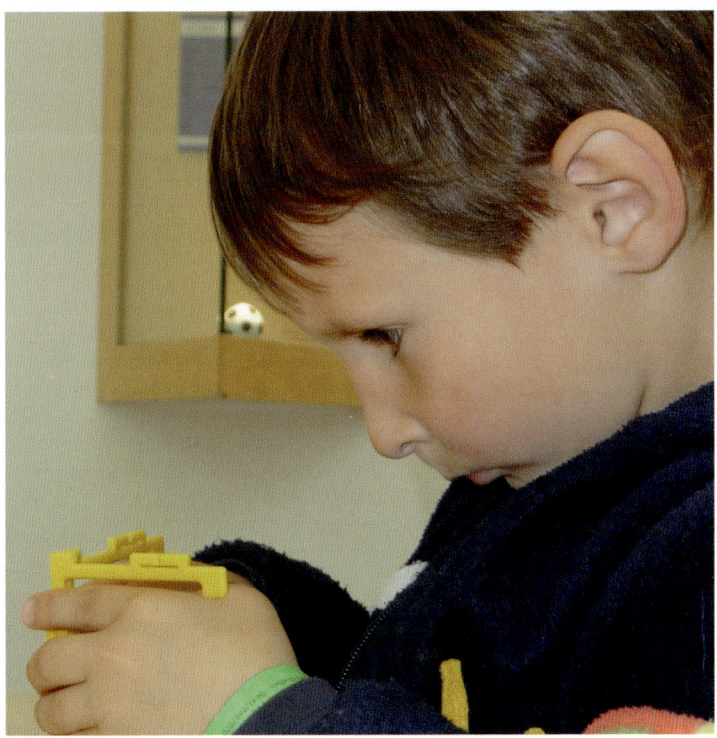

Geduldiges Basteln

Verstecke spielen

Die Ausflugstipps in diesem Freizeitführer wurden alle auf Kindertaug-
lichkeit getestet und positiv bewertet. Wir wünschen Ihnen viel Spaß und
tolle Erfahrungen beim Ausprobieren der Touren von »Hits für Kids!«

Tipps für unterwegs

Die Ausflugstipps wurden alle mit zusätzlichen Informationen versehen.
So erhalten die Familien Anregungen zu Anreisemöglichkeiten bzw. den
Hinweis, ob eine Anreise mit öffentlichen Verkehrsmitteln oder mit dem
Pkw besser ist. Informationen zu den Öffnungszeiten, Preisen oder Ein-
kehrmöglichkeiten sind ebenfalls beigefügt. Dabei sollte allerdings beachtet werden, dass gerade die Öffnungszeiten und Preise regelmäßig
von den Veranstaltern aktualisiert werden. Aus diesem Grund ist es empfehlenswert, vor dem Antritt des Ausfluges die Angaben dazu zu checken.
Unter dem Punkt »Info« finden Sie die Telefonnummer des Veranstalters
oder auch die Adresse zur entsprechenden Internetseite.

Viele Kindertheater, Museen und andere Veranstalter bieten die Möglichkeit an, vorher zu reservieren. Das kann oft online über die Internetseite oder per Telefon geschehen. Auch bei Sonderausstellungen oder Kinderworkshops ist eine rechtzeitige Anmeldung empfehlenswert. Manche Events sind schon Wochen im Voraus ausgebucht, sodass eine frühzeitige Reservierung ratsam ist. Das erspart nicht nur Zeit und Enttäuschungen, sondern schont auch die Nerven der Eltern.

Die Preise der jeweiligen Angebote sind sehr variabel. Aus Platzgründen werden nicht alle Preisgestaltungen aufgeführt. Allerdings werden die Grundpreise für Erwachsene, Kinder und auch die Familienpreise genannt. Daneben werden von verschiedenen Veranstaltern wie Museen oder auch Tierparks Vergünstigungen angeboten.

Außerdem gibt es in Nürnberg die Familienkarte, bei der Eltern und Kinder Rabatte für den Erlebnispark Schloss Thurn, das Megaplay Kinderspielparadies, den Playmobil-FunPark in Zirndorf oder die Sommerrodelbahn in Pottenstein erhalten.

Die gleiche kostenlose Karte wird auch den Familien im Landkreis Coburg zur Verfügung gestellt. Mit ihr können sich die Inhaber über Vergünstigungen beim Eintritt ins Aquarena oder in den Funpark Würzburg freuen. Empfehlenswert ist es, einfach mal bei der eigenen Gemeinde oder im zuständigen Rathaus nachzufragen, welche Angebote für Familien zur Verfügung stehen.

Für besondere Ferienangebote ist es ebenfalls ratsam, sich bei der Gemeinde oder der Stadt zu erkundigen. Das Kinder- und Jugendbüro in Hof bietet jedes Jahr Bastel-, Koch- oder Spielangebote im Jugendzentrum »Q« an. Außerdem gibt es den Sommerferienpass, mit dem die eigene Heimat neu entdeckt wird und die Ferien bestimmt nicht langweilig sind. Für alle Altersstufen ist hier ein entsprechendes Angebot verfügbar, womit zum Teil die Veranstaltungsorte kostenlos besucht werden können. Auch werden von vielen Städten Ferienpässe für die Schüler und Schülerinnen bereitgehalten.

Beim Thema Altersempfehlung ist besondere Sensibilität angebracht. Diese ist nicht bindend und für jedes Kind sinnvoll. Hier sollten die Eltern

»Geheimnisse« im Wassererlebnishaus erforschen

grundsätzlich auf ihr Gefühl hören. Sie kennen ihre Kinder am besten und können einschätzen, ob das Angebot geeignet ist. Viele Kindertheater geben zu ihren Vorstellungen eine Altersgrenze an. Diese sollte unbedingt eingehalten werden. Kinder, die noch nicht den Inhalt des Stückes erfassen können, werden häufig in den Vorstellungen unruhig und stören somit die anderen kleinen und großen Zuschauer.

Kletterparks und Kartrennbahnen haben neben der Altersgrenze noch weitere Mindestvoraussetzungen. So ist hier beispielsweise die Größe des Kindes wichtig. Solche Vorgaben sollten unbedingt beachtet werden, da es häufig um die Sicherheit des Einzelnen geht. Kinderaktionen oder Kinderführungen sind in der Regel ebenfalls an Altersempfehlungen gekoppelt.

Viele der Einrichtungen bieten Kindergeburtstagsfeiern an. Außerdem gibt es im Frankenland zahlreiche Ferienaktionen, die sich jedes Jahr großer Beliebtheit erfreuen.

Wer einen Ausflug mit kleinen und auch großen Kindern unternimmt, sollte den Snack und die Getränke für unterwegs nicht vergessen. Gerade bei Kindern ist häufig das Phänomen zu beobachten, dass sie unterwegs einen Riesenappetit entwickeln. Ein feuchter Waschlappen und ein kleines Iso-Sitzkissen sind bei Wanderungen und Spielplätzen immer ratsam. Kleine Kinder im Toilettentraining freuen sich über Wechselsachen, wenn dann doch mal etwas danebengeht. Ansonsten lohnt es sich auf jeden Fall, die Kamera einzustecken, um damit die ganz individuellen Erlebnisse mit seinen Kindern einzufangen und festzuhalten.

Wir wünschen Ihnen viel Spaß beim Ausprobieren von »Hits für Kids«!

🐷	Spartipp	🛒	auch für kleine Kinder geeignet
🔥	Abenteuer	🐰	Unternehmungen mit Tieren
💡	Lehrreiches	🎠	Fahrvergnügen
🏊	Schwimmbäder	🛟	Badeseen
🎈	Feste & Veranstaltungen	〰	Unternehmungen am Wasser
🎒	Wanderungen	🖼	Kulturelles

FunPark Balancierparcours

Abenteuer draußen

1 Erlebnispark Schloss Thurn

Abenteuer im Schlossgarten

Der Erlebnispark Schloss Thurn in Oberfranken bietet Eltern und Kindern viele Attraktionen für einen ereignisreichen Ausflug. Auf dem 40 Hektar großen Freizeitpark findet man Vergnügungen für jedes Alter. Im Jahr 1975 wurde der Park von Hanfried Graf Bentzel gegründet.

■ **Anfahrt:** Mit dem Auto: A73 Nürnberg–Bamberg, Ausfahrt Baiersdorf Nord, dann Richtung Heroldsbach, in Heroldsbach nach ca. 200 m links herunter (vor OMV-Tankstelle) am Netto Einkaufsmarkt vorbei. Mit dem Zug: Bis Bahnhof Forchheim (Oberfranken), dann Umsteigen in den Linienbus 206 Richtung Heroldsbach, Höchstadt oder Zeckern

■ **Öffnungszeiten:** Apr.–Okt.

■ **Preise:** Erwachsene: 16 Euro, Kinder (3–12 Jahre): 14 Euro, Familie: 55 Euro

■ **Altersempfehlung:** Ab 0 Jahre

■ **Einkehr:** In den gastronomischen Einrichtungen des Erlebnisparks

■ **Info:** Erlebnispark Schloss Thurn, Schlossplatz 4, 91336 Heroldsbach, 09190/92 98 98, info@schloss-thurn.de, www.schloss-thurn.de

Eingefasst in einen wunderschönen Schlosspark verzaubert der Erlebnispark Schloss Thurn täglich seine Besucher. Vor über 30 Jahren wurde der Freizeitpark eröffnet. Anfänglich gab es hier ein Damwildgehege und einen Märchenwald. Von Jahr zu Jahr entwickelten sich das Gelände und die Attraktionen dank der Ideen von Graf Bentzel weiter. Heute können die Familien über 50 Attraktionen ausprobieren, zahlreiche Tiere besuchen und spannende Live-Shows erleben.

Ein besonders spritziges Vergnügen ist eine Fahrt mit der Wildwasserbahn. Hier bleibt kaum ein Auge der Passagiere trocken! Das berühmte Magenkribbeln ist auf der Familienachterbahn garantiert. Schnell saust die Bahn auf ihren Schienen hoch und hinunter und legt sich kräftig in die Kurve. Mit dem **Drachenschiff** erkunden die Besucher des Erlebnisparks gemächlicher den See. Über das Maul des Drachens erreichen sie das Deck, von wo aus sie den Ausblick genießen und sich entspannen können.

Die kleine Kindereisenbahn und das Schwanenkarussell werden besonders gern von Eltern mit ganz kleinen Kindern genutzt, während zukünftige Rennfahrer die Monzarennbahn auf Herz und Nieren testen.

Pures Abenteuer!

Gerade an warmen Tagen ist das Spiel auf dem Wasserspielplatz für die Jungen und Mädchen sehr erfrischend. Ebenso ist die Wasserballanlage ein tolles Highlight. Zielsicher treffen die Kids mit einem Wasserstrahl die Bälle. Mehrere Spielplätze im Erlebnispark laden zum Rutschen, Klettern, Toben und Springen ein. In direkter Nähe erwartet Eltern und Kinder das **Märchenland**, in dem so manch bekannte Grimm'sche Märchenfigur zum Leben erwacht. Fasziniert lauschen die Kinder den Märchen, während sie die Kulissen bestaunen.

Eine stimmungsvolle Kulisse ist das Gelände rund um das Wasserschloss. In ihm lässt es sich fürstlich wandeln. Das Schloss Thurn selbst kann leider nicht besichtigt werden. Es dient der gräflichen Familie als Wohnsitz. Allerdings können für große Feierlichkeiten verschiedene Räumlichkeiten gebucht werden. Dafür gibt es aber viele Tiere im Park zu entdecken. Ponys und Schweine, Damwild und sogar Fledermäuse sind hier zu Hause.

Wer zu Besuch im Erlebnispark Schloss Thurn ist, sollte sich die **Shows** nicht entgehen lassen. An

Tipp
In der Westernstadt am Saloon befindet sich in der Damentoilette ein Wickeltisch. Die Mitarbeiter im Restaurant Romantiksaal oder Saloon helfen auch einmal aus, falls die Babyflasche oder die Windel vergessen wurde.

allen Öffnungstagen (ausgeschlossen bei extremem Regen und Gewitter) findet z. B. um 11.30 Uhr die Kinderwesternshow am Westernplatz oder um 14.15 Uhr Marionetten-Stabtheater am Restaurant Romantiksaal statt. Bereits um 13.30 Uhr beginnt der Einlass für die Rittershow am Turnierplatz, während sich kühne Cowboys um 15.30 Uhr zur Westernstuntshow am Westernplatz präsentieren.

Regelmäßig finden spannende Events im Erlebnispark statt. ABC-Schützen haben am ersten Schultag freien Eintritt und Schulkinder haben die Möglichkeit, in den Ferien an einer spannenden Campwoche teilzunehmen.

Bei den Kindergeburtstagen geht es hoch her. Nach einer Begrüßung durch das Maskottchen»Dinolino« probieren die Kinder alle Fahrgeräte nach Herzenslust aus. Natürlich können auch die Shows besucht werden. An der Geburtstagstafel mit der leckeren Torte stärken sich die Jungen und Mädchen. Ein erfrischendes Getränk wird außerdem im Westernsaloon gereicht. Zum Mittagessen kann man zwischen Wiener mit Pommes oder Nuggets mit Pommes wählen. Die Überreichung einer persönlichen Erinnerungsurkunde und ein kleines Geburtstagsgeschenk für das Geburtstagskind sind weitere Inhalte. Zusätzliche Angebote wie Kinderbetreuung (pro Stunde 20 Euro), Kinderschminken (pro Kind 4 Euro), Stelzenläufer, Clown oder Kinderkostüme (16 Euro) können wahlweise dazu gebucht werden.

Für das leibliche Wohl ist bei einem spontanen Besuch des Erlebnisparks Schloss Thurn gesorgt. Frische Speisen bereiten das Restaurant Romantiksaal und das SB-Restaurant Saloon für die Besucher zu. Zudem kann ein Biergarten, ein Coffeeshop oder einer der Kioske aufgesucht werden. Grillmöglichkeiten befinden sich in der Westernstadt. Grillkohle und Anzünder können vor Ort gekauft werden. Das Fleisch oder die Würstel sollten mitgebracht werden. Um die Grillmöglichkeiten nutzen zu können, ist eine Reservierung notwendig.

Eingekaufte Souvenirs wie ein Dinolino-Hörspiel oder auch ein Dinolino-Trinkbecher erinnern die Kinder noch lange an den Besuch im Erlebnispark Schloss Thurn. Für die Erwachsenen gibt es eine Wappenholzkiste oder auch verschiedene Holzkisten mit Sekt und/oder Wein.

Action im Erlebnispark

2 Fränkisches Freilandmuseum Fladungen

Geschichtsunterricht unter freiem Himmel

Auf dem zwölf Hektar großen Museumsgelände des Fränkischen Freilandmuseums Fladungen werden Eltern und Kinder über Wohnkultur und Wirtschaften in Unterfranken informiert. 300 Jahre ländliche Kultur können hier nachempfunden werden.

Ein besonderer Anschauungsort ist das Fränkische Freilandmuseum Fladungen. Das sieben Hektar große Gelände befindet sich unweit des Fladunger Bahnhofes. Neben interessanten Gebäuden wie den acht bäuerlichen Hofstellen, dem Tagelöhnerhäuschen, einer Dorfkirche, einem Dorfwirtshaus und einem Gemeindebrauhaus findet man auch eine Getreide- und eine Ölmühle. Außerdem gibt es schön angelegte Kräuter-, Gemüse- und Blumengärten sowie Streuobstwiesen und es sind auch tierische Freunde wie Gänse, Schafe, Ziegen oder Rinder anzutreffen. In einem **Bauernladen** (Öffnungszeiten während der Museumssaison von April bis Ende Oktober täglich von 10 bis 18 Uhr, Sonntag von 11 bis 18 Uhr, im April und Oktober ist montags Ruhetag. Außerhalb der Muse-

---

■ **Anfahrt:** Mit dem Auto: Von der A7 und B458 oder A71 und B285 in Richtung Fladungen. Dort den Hinweisschildern folgen. Mit den öffentlichen Verkehrsmitteln: Mit der Regionalbahn aus Würzburg, Schweinfurt, Bad Kissingen oder Meiningen bis Bahnhof Mellrichstadt. Weiter mit dem Bus 8153 bis Rathaus Fladungen

■ **Öffnungszeiten:** Apr.–Nov. tägl. 9–18 Uhr; April u. Okt. Mo Ruhetag

■ **Preise:** Erwachsene: 4,50 Euro, Kinder ab 6 Jahre: 3,50 Euro

■ **Altersempfehlung:** Ab 4 Jahre

■ **Einkehr:** Museumswirtshaus »Zum Schwarzen Adler«, 97650 Fladungen, Tel. 09778/661, www.schwarzer-adler-fladungen.de

■ **Info:** Fränkisches Freilandmuseum Fladungen, Bahnhofstr. 19, 97650 Fladungen, Tel. 09778/912 30, info@freilandmuseum-fladungen.de, www.freilandmuseum-fladungen.de

---

Führung mit Kindergartenkindern

umssaison Freitag von 10 bis 18 Uhr, Samstag von 10 bis 14 Uhr) können die Eltern und Kinder Spezialitäten aus der Rhön und dem Frankenland oder kunsthandwerkliche Produkte erwerben.

Ausgerüstet mit einem Museumsrallyebogen haben die Kinder die Gelegenheit, eigenständig das Museum zu erkunden. Für 50 Cent gibt es das Arbeitsblatt zuzüglich der Lösungen an der Museumskasse zu kaufen. Es gibt zwei Varianten der Rallyebögen. »Der Spaziergang« bietet sich für Kinder bis neun Jahre an. Etwa 1,5 Stunden dauert diese Tour und ist für lesende Kinder geeignet. »Die große Entdeckungstour« ist für Kinder von 9 bis 14 Jahren gedacht. Hier sollte man sich zwei bis drei Stunden Zeit nehmen.

Mit dem »**Entdeckerkoffer Rhön**« wird die große Neugierde der Familien befriedigt. Gegen eine Kaution von 50 Euro kann er ausgeliehen werden. Mit dem Inhalt des Koffers erfährt man

Tipp

Kinder im Alter von 6 bis 12 Jahren feiern im Freilandmuseum Fladungen einen interessanten Kindergeburtstag. Verschiedene Themen stehen für die ca. 2-stündige Party zur Auswahl. Maximal 12 Kinder mit 1 bis 2 Begleitpersonen können teilnehmen. Die Kosten belaufen sich auf 30 Euro pro Gruppe (zzgl. Eintritt). Das Geburtstagskind und die Begleitpersonen haben freien Eintritt.

19

Spannendes zu den Themen Natur, Geschichte, Kultur und zu den Menschen der Rhön.

Neben den Dauer- und Sonderausstellungen werden spezielle Veranstaltungen für Kinder angeboten. So erfahren Kinder in den verschiedenen Aktionsprogrammen von welchen Inhalten die Kindheit um 1920 geprägt war, wie in einer historischen Druckwerkstatt gedruckt wurde, oder welche Gerichte um 1900 gekocht und gespeist wurden.

Im Museumsgasthof »Zum Schwarzen Adler« am Freilandmuseum lassen sich die Familien die fränkischen und Rhöner Spezialitäten schmecken. Für die Erwachsenen gibt es erlesene Frankenweine und Ökobier. Bei schönem Wetter hat auch der Biergarten geöffnet.

Aktionsprogramm »Sauber«

Fossilienklopfplätze in Franken 3

Kleine Archäologen unterwegs

Die Fossilienklopfplätze in Franken sind bei allen Familienmitgliedern ein beliebtes Freizeitziel. Mit Hammer und Augenschutz ausgerüstet gehen Kinder und Eltern mit viel Eifer an die Suche, wobei sie mit ein bisschen Glück auf so mancher Höhe versteinerte Meerestiere finden.

Ein beliebter Fossilienklopfplatz liegt in der Nähe von **Egloffstein**. Sammler und Hobbysucher kommen hier regelmäßig her, da die Chance auf einen Fund hoch ist. Spontane Sucher können sich im Gasthof Schlehenmühle einen Hammer und einen Augenschutz gegen eine kleine Gebühr ausleihen. Im Anschluss bietet es sich an, im Biergarten des Gasthofes Schlehenmühle herrlich zu entspannen, während die Kinder den Spielplatz entdecken.

■ **Anfahrt: Egloffstein:** Über die A3 aus Richtung Frankfurt/Würzburg bis zur Ausfahrt Erlangen-West. Jetzt geht es weiter Richtung Erlangen bzw. Forchheim. Ab Forchheim den Hinweisschildern »Fränkische Schweiz« folgen bis nach Pretzfeld, Schweintal Richtung Egloffstein. **Hohenmirsberger Platte: Naturpark Altmühltal: Fossiliensammelstelle Titting:** Emsinger Straße ortsauswärts, links abbiegen »Am Galgenberg« und dann dem Hinweisschild folgen. **Blumenberg bei Eichstätt:** Kinderdorfstraße, OT Blumenberg, 85072 Eichstätt, Tel.: 0157/73059806
■ **Öffnungszeiten: Egloffstein:** Täglich außer Donnerstag von 9.30 bis 21 Uhr geöffnet. **Hohenmirsberger Platte:** April bis Mai, jedes Wochenende von 10 bis 17 Uhr, bayerische Oster- und Pfingstferien, täglich 10 bis 17 Uhr, Juni bis 10. September, täglich 10 bis 17 Uhr, September bis Oktober, jedes Wochenende 10 bis 17 Uhr, Montag und Dienstag Ruhetag, außer Feiertag. **Naturpark Altmühltal: Fossiliensammelstelle Titting:** frei zugänglich **Blumenberg bei Eichstätt:** Der Kiosk am Steinbruch ist – außer bei schlechtem Wetter – von April bis 19. Oktober jeweils von 10 bis 17 Uhr geöffnet.

■ **Preise: Egloffstein:** Erwachsene pro Tag 5 Euro und für Kinder bis zwölf Jahre pro Tag 3 Euro. **Hohenmirsberger Platte: Naturpark Altmühltal: Fossiliensammelstelle Titting:** frei zugänglich **Blumenberg bei Eichstätt:** Kinder und Jugendliche 1 Euro, Erwachsene 2 Euro, Familienkarte (zwei Erwachsene und max. vier Kinder & Jugendliche bis 18 Jahre) 5 Euro. Werkzeug kann am Kiosk für 1,50 Euro ausgeliehen werden.

■ **Info: Egloffstein: Hohenmirsberger Platte: Geozentrum Hohenmirsberger Platte,** 91278 Hohenmirsberg, Tel. 0170/886 14 00, www.freizeitparks-franken.de/alle_freizeitparks/sonstige_parks/fossilienklopfplatz.html **Naturpark Altmühltal: Blumenberg bei Eichstätt:** www.museum-berger.de/anfahrt, Tel. 08421/46 63

Eine weitere Möglichkeit zur Fossiliensuche haben Eltern und Kinder auf der **Hohenmirsberger Platte** (614 m ü. NN). Das Geozentrum, zu dem auch der Fossilienklopfplatz gehört, ist für eine hohe Fundquote bekannt. Nach Anleitung von versierten Mitarbeitern können hier wohl Ammoniten aus der Jurazeit entdeckt werden. Neben dem Klopfplatz ist auch der Aussichtsturm beliebt. Von ihm aus haben die Familien einen fantastischen Rundumblick, bevor oder nachdem sie einen Spaziergang auf dem

Eifrige Suche

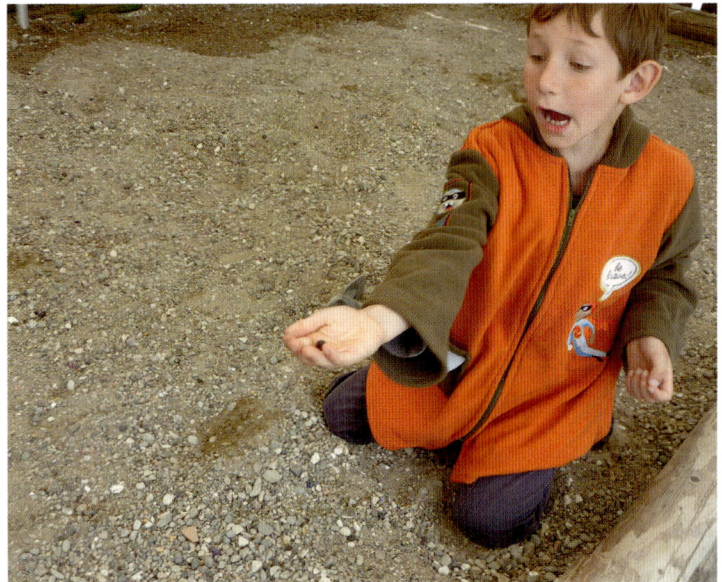

»Juhu – ich habe was gefunden!«

fünf Kilometer langen Weg rund um die Hohenmirsberger Platte unternommen haben. Der Weg ist auch für den Kinderwagen gut geeignet.

In den **Steinbrüchen des Naturparks Altmühltal** gibt es einige Ammoniten zu sammeln. Mit Hammer und Meißel betätigen sich die Familien bei der frei zugänglichen Fossiliensammelstelle Titting. Hammer und Meißel können bei der Touristinfo des Ortes ausgeliehen werden.

Der **Blumenberg bei Eichstätt** ist den Kennern unter den Fossiliensuchern wohlbekannt. Bisher wurden wohl bis zu 800 verschiedene Fossilienarten gefunden. Zu verfehlen ist der Fossiliensteinbruch Blumenberg kaum. Ein 14 Meter langer und 4,5 Meter hoher Allosaurus oder auch »Tiger der Jurazeit« begrüßt die Besucher. Ein Lehrpfad informiert über die Geschichte des Steinabbaus am Steinbruch. Außerdem finden die Eltern und Kinder dort einen Kiosk mit Werkzeugverleih, eine Schutzhütte, einen Waschplatz und einen Spielplatz für Kinder. Eine Einführung in die Fossiliensuche gibt es im Museum Bergér, Harthof 1, 85072 Eichstätt Schernfeld.

4 Freizeit-Land Geiselwind

Fun und Action

Actionreiche Fahrattraktionen, spannende Shows, Tierbeobachtungen und vieles mehr sind im Freizeit-Land Geiselwind möglich. Über 100 Attraktionen sind auf dem über 400 000 Quadratmeter großen Gelände erlebbar. An die Minis in den Familien wurde auch gedacht.

Das Freizeit-Land Geiselwind öffnet jedes Jahr im April seine Tore für die kleinen und großen Besucher. Bis zum Jahr 1969 lässt sich die Geschichte des Freizeitparkes zurückverfolgen, als der Kaufmann Ernst Mensinger den Vogel-Pony-Märchen-Park eröffnete. Bis zum Herbst strömen jeden Tag die Familien in den Freizeitpark, der von Jahr zu Jahr erweitert worden ist.

■ **Anfahrt:** Mit dem Auto: Direkt an der A3 Nürnberg–Würzburg mit eigener Ausfahrt

■ **Öffnungszeiten:** Mitte April–Mitte Sept. 9–17 Uhr (Hauptsaison bis 18 Uhr, lt. Programm, diverse Schließtage)

■ **Preise:** Besucher unter 1,10 m: frei, Kinder ab 1,10 m: 20 Euro, Besucher ab 1,40 m: 24 Euro

■ **Altersempfehlung:** Ab 0 Jahre

■ **Einkehr:** Im Freizeitpark

■ **Info:** Freizeit-Land Geiselwind, Wiesentheider Str. 25, 96160 Geiselwind, Tel. 09556/921 10, info@freizeit-land.de, www.freizeit-land.de

Mehrere **Achterbahnen** sorgen für Nervenkitzel. Die Wilde Maus, der Boomerang, die Drehgondelbahn oder der Blaue Enzian – jede hält ihre eigenen Herausforderungen bereit. Ebenfalls ein Muss für Freunde des Adrenalinschubs sind die Himmelsstürmer mit Namen wie »Ikarus«, »Top of the World« oder »T-Rex-World«. Auch nicht magenschonend ist der Wellenflieger oder das Shuttle, welches mit seinen Passagieren in den Himmel rast. Ein spritziges Fahrvergnügen garantiert dagegen eine Fahrt mit der Wildwasserbahn oder den Nautic-Jets. Auch das Kroko-Wasser-Rodeo ist ein besonderes Vergnügen, an dem Kinder ab einem Meter Größe bzw. ab sechs Jahren nur in Begleitung eines Erwachsenen teilnehmen können.

Für kleinere Kinder ist Juniors Ballonfahrt ein großes Abenteuer. Kleine Ballons entführen die Jungen und Mädchen sanft in die Luft, während in der Nähe der Zwergerl-Express durch das

Tiere im Freizeit-Land

Märchenland tuckert. Gemütlich gleiten die Schwanenboote durch das Wasser, wo anderswo bei den Power Paddlers ein zielloses Durcheinander entsteht. Neben dem Wasserspielplatz und den Erlebnisspielplätzen ist das Kiddy-Land ein Anziehungspunkt. Hier testen die Kinder eingehend die Hüpfburgen und Wipptiere aus. Ein Familien-Riesenrad, die Modelleisenbahn oder auch das Dinosaurierland sind neben vielen weiteren Fahrattraktionen gleichfalls zu entdecken.

Verschiedene Tiere beobachten die Familien in den **Freigehegen**. Hier sehen sie sich in Ruhe die Spielchen der Affen an, liebkosen im Streichelzoo die Zicklein und kommen auf der Ponderosa-Ranch den Ponys ganz nah. Eingehend bestaunen Eltern und Kinder die Farbenvielfalt der einheimischen und exotischen Vögel. Dann legen sie am Waldsee eine Pause ein, bevor sie den Botanischen Lehrpfad erkunden.

> **Tipp**
> Bollerwagen können gegen eine kleine Gebühr am Hauptkiosk ausgeliehen werden. Außerdem befinden sich als besonderer Service Babywickelräume neben der Bayerischen Floßfahrt und neben dem Acapulcostadion.

Weitere Angebote sind die Elektronik-Shows, die Live-Shows sowie die Acapulco-Springer-Show, bei dem Turmspringer ihr ganzes Können zeigen, die Glasbläserhütte und das Freiland-Museum »Opas Bauernhof«.

5 Abenteuerpark Betzenstein

Hoch hinaus auf Bäumen und Felsen

Hoch hinaus geht es im Abenteuerpark Betzenstein. Neun Parcours gibt es in dem Kletterwald zu meistern. Ein faszinierendes Erlebnis für alle Familienmitglieder.

Der Abenteuerpark Betzenstein wurde durch das Team der Abenteuerwerkstatt GmbH ins Leben gerufen. Auf Sicherheit und Umweltverträglichkeit wurde bei der Errichtung besonders geachtet. So werden auch die Eltern und Kinder kurz nach ihrer Ankunft mit der Sicherheit und Technik durch die Mitarbeiter des Kletterwaldes vertraut gemacht. Sie lernen mit dem Gurt umzugehen und können schon nach kurzer Zeit die Selbstsicherung fachgerecht anbringen.

Am **Einweisungsparcours** haben sie die Möglichkeit, erste Schritte allein zu unternehmen und die Theorie in die Praxis umzusetzen. Mit Rat und Tat stehen die fachlich versierten Mitarbeiter zur Verfügung, falls Hilfe nötig ist.

Anschließend können sich die Eltern und Kinder ganz den Herausforderungen des Abenteuerparks widmen. Anfangs können sie mit den einfachen Parcours die Hürden oberhalb des Buchenwaldes erkunden. Kinder ab sechs Jahren können sich am Felsenpfad, der einen Felsen entlang verläuft, probieren. Hier locken besonders die Hängebrücke und die zwei Abschlussseilbahnen.

Kinder ab acht Jahren erobern den grün gekennzeichneten Einsteigerparcours, der sich in etwa sechs Metern Höhe befindet, bevor sie den orangefarbenen Schlittenparcours, an dessen

■ **Anfahrt:** Mit dem Auto: Über die A9 bis Ausfahrt Plech/Betzenstein oder B2 nach Betzenstein

■ **Öffnungszeiten:** März–Nov. jeweils Mi–Fr 13–19 Uhr, Sa, So, Fei 10–19 Uhr, in den bayerischen Ferien von Mo–So 10–19 Uhr

■ **Preise:** Erwachsene: 22 Euro, Jugendliche (12–17 Jahre): 17 Euro, Kinder (8–11 Jahre): 13 Euro, Schnupperparcours: 5 Euro (ohne Freikarte)

■ **Altersempfehlung:** Ab 6 Jahre

■ **Einkehr:** Im Abenteuerpark Betzenstein

■ **Info:** Abenteuerwerkstatt GmbH, Schmidbergstr. 6, 91282 Betzenstein, Tel. 09244/98 59 16, www.abenteuerpark-betzenstein.de

Sicher in den Baumkronen

Ende eine echte »Schlittenfahrt« lockt, bezwingen. Für Kinder bzw. Jugendliche ab zwölf Jahren stehen im Abenteuerpark der Tarzanparcours oder der Seilbahnparcours zur Verfügung. Der Risikoparcours dagegen ist für die sportlichen Familienmitglieder ab 15 Jahren geeignet.

Für diejenigen, die nicht genug bekommen können und an ihre Grenzen gehen möchten, gibt es im Abenteuerpark noch ganz besondere Prüfungen. **Extremklettern** auf eine Kiefer, einen Sprung vom Baum oder mit der Schaukel durch die Lüfte zischen, sind Aktionen, die das Adrenalin fließen lassen.

Für den Abenteuerpark Betzenstein sollten die Eltern und Kinder eine Kletterzeit von ca. drei Stunden einplanen. Festes Schuhwerk und bequeme Kleidung sind unbedingt empfehlenswert. Kletterhandschuhe werden vom Kletterwald gestellt. Eigene Lederhandschuhe können natürlich mitgebracht werden. Wer neue kaufen möchte, kann vor Ort welche erwerben. Kinder unter zwölf Jahren dürfen nur in Begleitung Erwachsener klettern.

Tipp
Gleich in der Nähe des Abenteuerparks befindet sich das Freibad Betzenstein, wo man sich eine gehörige Abkühlung nach den sportlichen Betätigungen verschaffen kann. Zudem locken viele Wandervorschläge für Familien wie der Spaziergang zum Eibgrat-Klettersteig oder auch die Wanderung rund um den Betzenstein.

Alle Kletterer unter 18 Jahren benötigen zum Besuch eine Einverständniserklärung der Eltern. Die letzte Einweisung findet um 17 Uhr bzw. zwei Stunden vor Einbruch der Dunkelheit statt.

6 Wildpark Schloss Tambach

Tierische Erlebnisse

Um das Schloss Tambach herum leben viele Tiere. Denn hier befindet sich ein Wildpark mit zahlreichen heimischen Tierarten. Ein besonderes Erlebnis sind die Flugvorführungen des bayerischen Jagdfalkenhofes.

Auf dem etwa 50 Hektar großen Gelände des Wildparks im Schloss Tambach entdecken die Familien ca. 200 Tiere. Darunter befinden sich Rot- und Damhirsche, Elche oder auch Wildschweine. Den Familien begegnen Zwergziegen, Vierhornschafe, Wildkatzen oder Sikahirsche und Waschbären. Bei den Schaufütterungen lernen die Besucher ausgewählte Tiere näher kennen. So finden in der Hauptsaison kostenlose Schaufütterungen von Rotwild, Elch, Wolf, Luchs, Wildkatzen und Fischotter statt.

Im Streichelzoo haben die Jungen und Mädchen Gelegenheit, ihren Lieblingen ganz nah zu kommen. Das Meerschweinchen- und Hasengehege lädt zu ausgiebigen Beobachtungen ein und beim Ponyreiten (Sonn- und Feiertage 14–17 Uhr) kommt viel Freude auf.

Ein weiteres Highlight ist die Haltung der Greifvögel des Bayerischen Jagdfalkenhofes im Wildpark Schloss Tambach. Eingehend stellen die Falkner den Besuchern einheimische Greifvögel vor. Staunend sehen sich die Kinder die Flugkünste der Adler und Falken an. Die Flugvorführungen finden jeweils von März bis November täglich um 10.30 Uhr und um 15 Uhr statt. In den Pfingstferien und von Anfang August bis Mitte September (bayerische Sommerferien) jeweils um 10.30 Uhr, um 15 Uhr und um 17 Uhr.

■ **Anfahrt:** Mit dem Auto: Über die A73 und B303 nach Tambach. Mit den öffentlichen Verkehrsmitteln: Bahnbus ab Coburg Richtung Schweinfurt (ZOB) fährt halbstündig, hält direkt am Wildpark, Dauer: 18 Min.

■ **Öffnungszeiten:** ganzjährig 8–18 Uhr

■ **Preise:** Erwachsene: 7,50 Euro, Kinder (3–15 Jahre): 4 Euro, Familien: 21 Euro, Jahreskarte für Alleinerziehende: 40 Euro

■ **Altersempfehlung:** Ab 0 Jahre

■ **Einkehr:** Im Wildpark Schloss Tambach

■ **Info:** Wildpark Schloss Tambach, Schlossallee 3, 96479 Weitramsdorf-Tambach, Tel. 09567/92 29 15, www.wildpark-tambach.de

Liebevolle Streicheleinheiten

Ein großer Spielplatz im Wildpark animiert zum ausgiebigen Herumtollen. Hier steht ein Riesentrampolin im Mittelpunkt des Interesses. Die zahlreichen Entdeckungen machen hungrig. Im Biergarten mit Selbstbedienung direkt am Hirschgehege und Spielplatz können sich die Eltern und Kinder Schmankerl wie einen Brotzeitteller, Rostbratwürste oder Wildspezialitäten schmecken lassen. Nach vorheriger Anmeldung haben die Familien auch die Möglichkeit zu grillen.

Gern gebucht werden die Kindergeburtstage im Wildpark. Mindestens fünf Kinder können montags bis samstags eine Party feiern. Zwischen drei Angeboten – dem kleinen Frischling Paket (4 Euro pro Kind), dem Elchkinder Paket (8 Euro pro Kind), dem Wisent Paket (14 Euro pro Kind) – haben sie die Wahl. Eine erwachsene Begleitperson hat zum Kindergeburtstag freien Eintritt. Eine rechtzeitige Anmeldung unter der Telefonnummer 09567/92 29 15 oder per E-Mail (kiosk@wildpark-tambach.de) ist unbedingt empfehlenswert.

Tipp
Das Jagd- und Fischereimuseum verfügt über eine Fledermausbeobachtungsstation mit Liveübertragung aus einer Fledermauskolonie im Dachstuhl des Schlosses. Zudem können hier historische Jagdwaffen betrachtet und Umwelterlebnisräume zum Thema »Wolf, Luchs und Uhu« besichtigt werden. Das Museum ist in der Schlossallee 1a, 96479 Weitramsdorf-Tambach (Tel. 09567/18 61, www.museum-tambach.de) zu finden. Geöffnet hat es Mi–Fr 14–17 Uhr, Sa/So 10–17 Uhr, Fei 10–17 Uhr.

7 Fränkisches Wunderland Plech

»Kansas City« in Franken

Von April bis Oktober hat das Fränkische Wunderland Plech geöffnet. Der Freizeitpark lädt die Besucher zu einer Reise in verschiedene Welten ein. Drei verschiedene Themenparks gilt es zu erkunden.

Das Fränkische Wunderland Plech ist ein Freizeitpark, der hervorragend für den Besuch von Familien geeignet ist. Mittlerweile besteht die Anlage seit über 27 Jahren und erstreckt sich über etwa 15 Hektar. Der Freizeitpark ist in mehrere kleinere Parks unterteilt: in »Kansas City« – die Westernstadt, den Märchenwald und das Babyland.

Im **Märchenwald** werden die Grimm'schen Figuren so richtig lebendig. Die Familien spazieren auf dem Rundweg und begegnen dem Hexenhaus und so manchem Schloss. Mithilfe eines Knopfdruckes erwachen die Märchenfiguren zum Leben. Aschenputtel und auch Schneewittchen werden so von den Eltern und Kindern wiedererkannt. Die sieben Geißlein erwarten ebenfalls schon die Familien.

Rasant geht es dann mit der kurvenreichen Sommerrodelbahn den Berg hinab. Wer es ruhiger mag, kann auch zu Fuß die Wanderung fortsetzen und sich entspannen. Das Trampolincamp fordert danach wieder alle Kräfte.

Die **Westernstadt »Kansas City«** überzeugt auf Anhieb. Wie im echten Wilden Westen gibt es Saloons, Drugstores und sogar eine originalgetreu nachgebaute Postkutsche der Wells Fargo Company. Die Fahrt mit dem Kansas City Ex-

---

- ■ **Anfahrt:** Mit dem Auto: Direkt an der A9 Nürnberg–Bayreuth, Ausfahrt Plech. Mit den öffentlichen Verkehrsmitteln: Mit der Bahn bis Neuhaus an der Pegnitz, dann weiter mit dem Bus 343 oder dem Linien-Taxi
- ■ **Öffnungszeiten:** Mitte März–Anfang Okt. 2013, tägl. 9–18 Uhr
- ■ **Preise:** Erwachsene und Kinder ab 1,40 m: 12,50 Euro, Kinder ab 1 m: 11 Euro, Kinder unter 1 m: frei
- ■ **Altersempfehlung:** Ab 0 Jahre
- ■ **Einkehr:** Im Fränkischen Wunderland
- ■ **Info:** Wunderland AG, Zum Herrlesgrund 13, 91287 Plech, Tel. 09244/98 90, www.wunderland.de

Indianergeheul im Wunderland

press, einer aufregenden Achterbahn, und dem Whisky-Karussell bringt Groß und Klein zum Jauchzen. Nach dem Goldwaschen relaxen die Besucher im Riesenrad, von dem sie einen wunderschönen Ausblick haben.

Mit der Westerneisenbahn fahren sie zum Indianerlager. Hier erfahren sie auch vieles über die indianische Kultur.

Das **Babyland** ist ein Anziehungspunkt für die Kleinsten. Die Minis fahren auf den Minikarussells, probieren die Hüpfburgen aus und zischen auf den Bobby-Cars zügig umher. Außerdem können noch eine Vielzahl von spannenden Spielzeugen entdeckt werden. Bei schlechtem Wetter gibt es auch viele überdachte Spielmöglichkeiten.

Im Nostalgie-Fotostudio lassen sich Eltern und Kinder in Cowboykostümen oder ähnlich schö-

Tipp

In knapp 7 km Entfernung vom Familienpark befindet sich der Krottensee. Dieser kann im Rahmen einer karstkundlichen Wanderung besucht werden. Start- und Zielpunkt ist der Bahnhof Neuhaus. Der 14 km lange und gut ausgeschilderte Wanderweg führt u. a. auch zur Maximiliansgrotte. Hierfür sollte eine Gehzeit von 4 bis 5 Stunden eingeplant werden.

nen Kostümen ablichten. Diese Fotos eignen sich hervorragend als Mitbringsel oder zur Erinnerung an den Ausflug. Den kleinen Hunger danach oder zwischendurch stillen die Familien im Biergarten, am Lagerfeuer oder auch im Café.

Zünftige Kindergeburtstagsfeiern am Lagerfeuer oder im Tipi lassen keine Langeweile aufkommen. Die Grillkohle kann vor Ort erworben werden, die Würstchen und Steaks müssen allerdings mitgebracht werden. Die Party kann nach rechtzeitiger Voranmeldung während der Saison stattfinden.

Im Geschwindigkeitsrausch

Idea DschungelParadies Neuenmarkt   8

Die »fliegenden Juwelen« erforschen

Das erste große Schmetterlingshaus entstand 1998 in der Nähe bei Kulmbach in Neuenmarkt. Das DschungelParadies ist eine Oase für Freunde von Schmetterlingen, auch »fliegende Juwelen« genannt.

Einen nachgestalteten Regenwald finden die Eltern und Kinder im Idea DschungelParadies in Neuenmarkt vor. Während eines Streifzuges entdecken sie die interessante Tierwelt, die mit diesen klimatischen Bedingungen bestens zurechtkommt. Hier können die Kinder die verschiedensten Entwicklungsstadien der **Schmetterlinge** vom Hochzeitsflug über die Eiablage, die Raupen, das Puppenstadium bis hin zum Schlüpfen der fertig entwickelten Falter mit eigenen Augen sehen. Neben der bunten Vielfalt von Schmetterlingen in einer zwölf Meter hohen Kuppel sehen sich die Eltern und Kinder auch die **Bewohner von Terrarien** an. Darunter befinden sich Insekten, Spinnen und Reptilien.

In einer Halle beobachten die Familien die Spiele der Weißbüscheläffchen. Ihre direkten Nachbarn sind chinesische Zwergwachteln, Nymphen-

---

■ **Anfahrt:** Mit dem Auto: B303 unweit der Autobahn Berlin–Nürnberg, Ausfahrt Bad Berneck, direkt an der Ortseinfahrt Neuenmarkt. Entfernungen: Bayreuth: 20 km, Coburg: 60 km, Nürnberg: 100 km
■ **Öffnungszeiten:** Apr.–Okt. Di–So 9.30–17.30 Uhr, Nov.–März Di–So 10–17 Uhr, Mo geschlossen, außer es ist ein Feiertag, 24., 31. Dez. und 1. Jan. geschlossen
■ **Preise:** Erwachsene: 4,50 Euro, Kinder (3–15 Jahre): 3 Euro, Familien (2 Erw. + eigene Kinder): 14 Euro, Familienjahreskarte: 45 Euro
■ **Altersempfehlung:** Ab 3 Jahre
■ **Einkehr:** Cafeteria des Schmetterlingsparks
■ **Info:** Idea DschungelParadies Neuenmarkt, Wirsberger Str. 12, 95339 Neuenmarkt, Tel. 09227/90 25 27 (Kasse), www.dschungelparadies.de

Paarung im DschungelParadies

sittiche und Koi-Karpfen. Krebse, Schlangen, Skorpione und Vögel aus aller Welt können im Dschungel-Paradies ebenfalls bestaunt werden. Auch im Außenbereich ist es spannend. Neben einem Bienenkasten kann der Froschteich besucht werden.

Alle drei bis vier Wochen wird eine neue Foto- und Kunstausstellung in der Galerie des DschungelParadieses präsentiert. Außerdem können die Besucher im Lese-Ecklein in interessanten Lektüren schmökern. Die Kinder haben währenddessen die Möglichkeit, die Spielecke zu erkunden. Eifrig versuchen sie am Maltisch einen eigenen Schmetterling auf das Papier zu bringen. Bei gutem Wetter wird der Außenspielplatz ausgiebig auf seine Tauglichkeit geprüft.

In der Cafeteria des Schmetterlingsparks lassen sich die Familien Kuchen und kleine Snacks schmecken. Natürlich gibt es auch Eis für kleine und große Schleckerkinder.

Tipp

In Neuenmarkt befindet sich das Deutsche Dampflokmuseum. Eine große H0-Modellbahnanlage sowie ein Freigelände mit Kleinbahnhof und »begehbarer Vitrine« können entdeckt werden. Geöffnet hat das Museum in den Sommermonaten (16.3.–1.11.) Di–So 10–17 Uhr, in den Wintermonaten (2.11.–15.3.) Di–So 10–15 Uhr. **Info:** Deutsches Dampflokomotiv-Museum, Birkenstraße 5, 95339 Neuenmarkt, Tel. 09227/57 00, www.dampflokmuseum.de

Das Angebot an zusätzlichen Veranstaltungen ist groß. Interessierte Besucher haben die Möglichkeit, an Fotoworkshops oder an Vorträgen teilzunehmen. Neben spannenden Schulprogrammen werden auch Kindergeburtstage organisiert. Zwischen zwei Angeboten kann gewählt werden. Je nach Wahl berühren die Jungen und Mädchen die Haut von einer Schlange, testen ihr Wissen bei spannenden Spielen und lauschen einem altersgerechten Vortrag über Schmetterlinge. Der Kindergeburtstag (ab 13 Euro pro Kind) kann nach vorheriger Anmeldung täglich begangen werden.

Am Futtertisch

9 Märchenwald Sambachshof

Wo sich Fuchs und Hase »Gute Nacht« sagen

In dem Kurort Bad Königshofen, der in einem beliebten Wander-gebiet liegt, ist der Märchenwald Sambachshof ein magischer An-ziehungspunkt. Hier treffen die Besucher auf die bekannten Märchen der Gebrüder Grimm. Fun und Action gibt es zusätzlich zu erleben.

Mitten im Wandergebiet des Kurortes von Bad Königshofen befindet sich der Märchenwald Sambachshof. Auf bequemen und kinderwagenge-rechten Wegen erreichen die Familien Häuschen und Schlösser mit ihren dazugehörigen Figuren. Viele ältere Kinder erinnern sich an die Märchen, wie sie ihnen einst als Gute-Nacht-Geschichte vorgelesen wurden. Für ganz kleine Kinder sind sie neu und wissbegierig fragen sie bei ihren Eltern nach. Durch die beweglichen und sprechenden Figuren werden die Geschichten lebendig. Hier besuchen sie das **Dornröschenschloss**, treffen auf den gestiefelten Kater und besuchen Rot-käppchen. Ali Baba und der Froschkönig sind ebenfalls zugegen.

Der Märchenwald besticht noch durch weitere Attraktionen. Bei den Schwanentretbooten müssen Mama und Papa ordentlich treten, wäh-rend das Kinderriesenrad den Kids vorbehalten ist. Für Fahrtwind ist beim Pferde-Karussell und beim Elefanten-Karussell ausgiebig gesorgt. Während im »Roten Baron« die kleinen Piloten sitzen und sich die Welt von oben ansehen, tes-ten nebenan die zukünftigen Formel-1-Piloten die Rennautos. Im **Streichelzoo** können die Kin-der ihren tierischen Lieblingen ganz nah kom-men. In der Nähe tuckert die Eisenbahn mit ihren Passagieren vorbei. Gemütlich ruckelt und zuckelt die kleine Bahn über die Gleise und zau-bert ihren Fahrgästen ein Lächeln auf die Lip-

■ **Anfahrt:** Mit dem Auto: Über die B279 oder A71, Aus-fahrt Bad Königshofen nach Sambachshof
■ **Öffnungszeiten:** Apr.–Okt. 9–18 Uhr
■ **Preise:** Erwachsene: 6,50 Euro, Kinder ab 3 Jahre: 6,50 Euro
■ **Altersempfehlung:** Ab 0 Jahre
■ **Einkehr:** Im Café des Mär-chenwaldes
■ **Info:** Märchenwald Sam-bachshof, Sambachshof 1, 97631 Sambachshof, Tel. 09761/26 14, www.maer-chenwald-sambachshof.de

Gemütliche Fahrt durch den Märchenwald

pen. Wie einst die Indianer schippern die Kinder auf dem Baumstamm-floß durch die Wasserrinne, während Papa gegen seinen Sohn am Fuß-ballkicker antritt. Hüpfburgen, Baumstamm-Tretauto, Kletterpyramide oder das Indianerschiff sind ebenfalls beliebt.

Ein Waldlehrpfad, der sich im Märchenwald befindet, führt die Eltern und Kinder zum Damwildgehege. Hier erhalten die Familien interessante In-formationen zur heimischen Pflanzen- und Tierwelt.

Zu jeder vollen Stunde können die Besucher vom Café aus den inszenier-ten Wasserspielen zusehen. Da schmeckt das Eis gleich doppelt so lecker.

Wer dann noch Lust hat, in einem echten Märchenschloss zu wandeln, besucht die Veste Heldburg, das Wahrzeichen von Bad Colberg. Die Veste, die sich auf einer Bergkuppe befindet, ist etwa 19 Kilometer entfernt. Auch als »Fränkische Leuchte« bekannt, überzeugt sie durch die eingefassten Terrassen und romantische Türme. Nach vorheriger Anmeldung werden Führungen im historischen Gewand oder auch Kinderführungen ange-boten. Geöffnet hat das Wahrzeichen von April bis Oktober jeweils von Dienstag bis Sonntag von 10 bis 18 Uhr, von November bis März jeweils von Dienstag bis Sonntag von 10 bis 16 Uhr. Zu finden ist sie in der Burg-straße 21, Bad Colberg-Heldburg.

10 Playmobil-FunPark in Zirndorf

Familienspaß pur!

Der Playmobil-FunPark ist ein Paradies für alle Familienmitglieder. Die Welten von Piraten und Rittern werden entdeckt und erobert. Der Spaß wird auch bei schlechtem Wetter nicht getrübt.

Der 90 000 Quadratmeter große Freizeitpark beinhaltet alles, was kleine Herzen sich wünschen. Der Playmobil-FunPark in Zirndorf ist eine **große Spielzeugwelt**. Hier begegnen den Kindern Bauwerke und Figuren wieder, die sie in Klein in ihren Kinderzimmern aufbewahren. Einen ganzen Tag sollte man für den Aufenthalt im Freizeitpark schon einplanen, um die zahlreichen Attraktionen wahrnehmen zu können. Die Badesachen – auch für die Minis – allerdings nicht vergessen!

Im Freizeitpark entdecken die Jungen und Mädchen viele Möglichkeiten, ihrem natürlichen Bewegungsdrang nachzugehen. Ob Bauernhof, die Balancier-Parcours oder auch die Arche Noah – die Angebote sind vielfältig. Im Wilden Westen suchen sie nach Edelsteinen oder versuchen Mini-Meerestiere zu fischen. Im Bauhaus beteiligen sie sich an einer **Rätsel-Rallye**. Die Lösungen werfen sie in den Sammelbriefkasten und nehmen damit automatisch an einer Verlosung von Playmobil-Spielsachen teil.

Das HOB-Center ist vor allem bei schlechtem Wetter ein beliebtes Ziel. Über 5000 Quadratmeter ist der riesige überdachte Bereich groß. In ihm üben die Kinder im Klettergarten und in den verschiedenen thematischen Spielberei-

■ **Anfahrt:** Mit dem Auto: Über die A73 bis Ausfahrt Zirndorf. Dann der Beschilderung zum FunPark folgen

■ **Öffnungszeiten:** März–Nov.

■ **Preise:** Wintersaison: 2,50 Euro, Frühjahrsaison: 8 Euro, Sommersaison: 9 Euro, Hauptsaison: 10 Euro (betrifft alle Personen ab 3 Jahre, Kinder bis 3 Jahre haben freien Eintritt). Tipp: Es gibt preisreduzierte Nachmittagstickets.

■ **Altersempfehlung:** Ab 4 Jahre

■ **Einkehr:** Im Freizeitpark

■ **Info:** Playmobil-FunPark, Brandstätterstr. 2-10, 90513 Zirndorf, Tel. 0911/ 96 66 17 00, www.playmobil-funpark.de

chen. Täglich können die Familien auf der Showbühne im HOB-Center Künstler erleben oder sich in der gastronomischen Einrichtung stärken. Wer gerade Geburtstag hat, erhält gegen Vorlage eines amtlichen Dokumentes freien Eintritt. Ein kleines Playmobil-Überraschungsgeschenk gibt es gratis dazu. Natürlich kann im Freizeitpark auch richtig gefeiert werden! Informationen dazu gibt es bei den Service-Centern.

Erste Grundkenntnisse des Golfspielens eignen sich die Familien im Playmobil-FunPark auf dem 18-Loch-Adventure-Golfplatz (Erlebnis-Minigolf) an. Hier wird geübt, wie man am geschicktesten mithilfe des Schlägers den Ball ins Loch bringt.

In der kalten Jahreszeit, während der Außenbereich des FunParks geschlossen hat, ist der Winter-Innenspielbereich geöffnet. Täglich kann dann hier auf einer Fläche von ca. 500 Quadratmetern von 10 bis 18 Uhr gespielt werden. Die Eltern können den Jungen und Mädchen vom Sitzbereich zusehen, während die Kids die Playmobil-Spielsachen ausprobieren. Am Wochenende hat dann außerdem das Burg-Café geöffnet.

Als besonderer Service werden Buggys und Rollstühle am Service-Center im FunPark-Shop ausgeliehen. Außerdem gibt es einen Wäschetrockner in den Toiletten am Piratensee und am Eingang sowie einen ruhigen Wickel- und Stillraum mit Mikrowelle im HOB-Center. Damit kein Kind im Freizeitpark verloren geht, gibt es am Service-Center kostenlose Armbändchen, auf denen die Telefonnummer notiert werden kann.

Tipp
Wer einen längeren Aufenthalt im Playmobil-FunPark in Zirndorf plant, hat die Möglichkeit, im Playmobil-Aparthotel zu übernachten. Das Hotel wurde direkt neben dem Freizeitpark und speziell für Familien erbaut. Unter der Telefonnummer 01805/77 37 34 können freie Zimmer erfragt werden.

Das Baumhaus im FunPark

11 Wasserwandern in Franken

Wie einst Tom Sawyer auf dem Mississippi

Wasserwandern bietet die fantastische Gelegenheit, die Reize der Landschaft einmal anders zu entdecken. Die Wanderflüsse Regnitz, Pegnitz, Wiesent, die Tauber, die Altmühl oder auch die Saale sind dafür sehr gut geeignet. Sogar einige Abschnitte des Mains können für diese Sportart genutzt werden.

■ **Anfahrt:** Von der A73 Ausfahrt Forchheim oder A9 Ausfahrt Pegnitz/Grafenwöhr über die B470 nach Behringsmühle. Weiter Richtung Hollfeld/Waischenfeld. Der Parkplatz Doos liegt nach ca. 5 km direkt an der Straße.

■ **Öffnungszeiten:** Mai–Okt.

■ **Preise:** Tagestour im 1er-Kajak: 36 Euro, Tagestour im 2er-Kajak: 30 Euro p.P., Kurzstrecke im 2er-Kajak (max. 3 Std.): 18 Euro p.P., Kurzstrecke im 3er-Kanu (max. 3 Std.): 18 Euro p.P., Kind (bis 10 Jahre) als 3. oder 4. Person im Kanu: 8 Euro p.P.

■ **Altersempfehlung:** Ab 5 Jahre

■ **Einkehr:** Eigener mitgebrachter Imbiss

■ **Info:** Kajak Mietservice, Parkplatz Doos an der Wiesent, Tel. 09196/99 84 23, info@kajak-mietservice.de

Viele Flüsse zieren das Frankenland und bieten optimale Voraussetzungen zum Wasserwandern. Neben den großen Flüssen wie Regnitz oder Pegnitz können für diese Sportart auch die kleineren Flüsse genutzt werden, um die Regionen Frankens zu entdecken. Neben dem Fichtelgebirge sind hier die Frankenalb, die Fränkische Schweiz, das Fränkische Seenland, die Röhn, der Naturpark Altmühltal, der Steigerwald und das Fränkische Weinland erwähnenswert.

Wer kein eigenes Wassergefährt besitzt, kann sich bei einem Bootsverleiher ein Kajak oder Kanu ausleihen. Entlang der Wasserläufe befinden sich überall entsprechende Bootsverleiher. Kurzstrecken oder auch Tagestouren sind möglich. Ausgerüstet mit Schwimmwesten paddeln Mama mit Kind oder Papa mit Mama und die Kinder allein in den 1er-, 2er- oder 3er-Kajaks. Die Familien erwartet nun je nach Strecke eine abwechslungsreiche Fahrt entlang von Wiesen, Feldern oder auch Felsen. Ab und zu gilt es, kleinere Stromschnellen zu meistern. Am Ende der Tour haben die Familien die Gelegenheit, mit Bussen oder dem Auto wieder abgeholt zu werden.

Wasserrausch an der Sachsenmühle

Besonders spannend ist das Floßfahren auf der **Wilden Rodach bei Kron-ach**. Hier können die Eltern und Kinder ihren Mut unter Beweis stellen, denn die Floßfahrten sind ein äußerst spritziges Vergnügen. Aus diesem Grund ist auch die Mitnahme von Wechselsachen empfehlenswert. Von Ende Mai bis August (donnerstags um 19 Uhr, nicht an Feiertagen, sowie im September jeweils donnerstags um 18 Uhr, nicht an Feiertagen) sind ca. 20-minütige Floßfahrten mit einem professionellen Steuermann mög-lich. Treffpunkt ist die Floßanlegestelle Neuses bei der Kleingartenanlage. Eine freiwillige Spende wird gern entgegengenommen. Nach telefoni-scher Vereinbarung mit dem Flößerverein Neuses 1899 e. V. unter der Te-lefonnummer 09261/136 kann die Fahrt beginnen.

Interessierte eigenen sich im **Flößermuseum in Unterrodach** Hinter-grundinformationen an. Das Museum selbst befindet sich in einem ehe-maligen Floßherrenhaus. In ihm erfahren die Besucher Interessantes zur Geschichte und der wirtschaftlichen Bedeutung des Gewerbes. Geöffnet hat es von April bis Oktober jeweils von Dienstag bis Freitag von 9 bis 11 Uhr und von 14 bis 16 Uhr, an Samstag, Sonn- und Feiertagen von 14 bis 16 Uhr. Der Eintritt kostet für Erwachsene 1 Euro, ermäßigt 50 Cent (auch für Gruppen). Das Flößermuseum befindet sich am Kirchplatz 8 in 96364 Marktrodach.

12 Bikepark Osternohe

Mit Mut und Geschick abwärts

Der Bikepark Osternohe ist ein Ziel für versierte Mountainbiker und solche, die es werden möchten. Als einziger Bikepark in Mittelfranken wurde er im Jahr 2008 eröffnet. Erwachsene und Kinder können sich hier sportlich ausprobieren.

- **Anfahrt:** Mit dem Auto: Über die A9 Nürnberg–Berlin bis Ausfahrt Schnaittach nach Osternohe
- **Öffnungszeiten** (abhängig von Wetterlage): Apr., Aug., Sept. jeweils Fr 14–19 Uhr, Sa, So, Fei 10–18 Uhr; Mai, Juni, Juli jeweils Fr 14–20 Uhr, Sa, So, Fei 10–18 Uhr; Nov., Dez. jeweils Sa, So 10–16 Uhr
- **Preise:** Anfängerparcours Tagesticket: 3 Euro, Saisonticket: 30 Euro (Apr.–Okt.), Punktekarte Erwachsene: 2 Euro, Punktekarte Kind: 1,50 Euro, Tageskarte Erwachsene: 19 Euro, Tageskarte Kind: 16 Euro
- **Altersempfehlung:** Ab 6 Jahre
- **Einkehr:** Im Kiosk Bikepark
- **Info:** Schilift Osternohe Schlossberg GdbR, Bikepark, Igelweg 2A, 91220 Schnaittach, Hotline Bikepark Talstation: 09153/80 07, www.bikepark-osternohe.de

Sowohl Anfänger als auch fortgeschrittene Mountainbiker bekommen im Bikepark Osternohe die Möglichkeit, bis an ihre sportlichen Grenzen zu gehen. Für Kinder bis zwölf Jahre bzw. Anfänger gibt es einen **Anfängerparcours**, auf dem sie sich ausprobieren können. Dieser befindet sich an der Talstation und darf nur während der Öffnungszeiten mit einem gültigen Ticket befahren werden. Vor der Fahrt sollte man sich an der Kasse über die Sicherheitsbestimmungen des Bikeparks Osternohe informieren. Hier können auch Helme ausgeliehen werden. Für ein Komplettset mit Protektoren sollten ca. 30 Euro eingeplant werden (Vorbestellungen unter info@bikepark-osternohe.de). Handschuhe und Schutzbrille sind allerdings selbst mitzubringen. Nun steht dem Vergnügen nichts mehr im Wege und die Kids können das Gelände erobern. Hoch und hinunter geht es den Hügel, wo niedrige Holzhindernisse und Erdhügel warten.

Für die Jugendlichen ab zwölf Jahren und Erwachsene gibt es im Bikepark anspruchsvolle Freeride- und Downhill-Pisten. Für Anfänger hat sich die Blue Line ohne Hindernisse bewährt. Für jedes Niveau ist die Northshore geeignet,

Bereit zur großen Fahrt

während die **Downhill-Strecke** mit vielen Sprungelementen und mehreren Umfahrungselementen schwieriger zu bewältigen ist. Hoch auf den Berg geht es übrigens ganz bequem mit einem Lift.

Für das richtige Erlernen der Technik sind die Kurse im Bikepark Osternohe empfehlenswert. Der Kids-Bikepark-Day richtet sich an Kids im Alter von 12 bis 16 Jahren. In einem Tageskurs erlernen sie die Grundlagen der Technik und werden in die Kurven- und Sprungtechnik eingeführt. Der Einsteigerkurs ist für alle Interessierten geeignet, die sich zum ersten Mal an diesen Sport wagen. Zum Teil werden auch Einsteigerkurse nur für Mädchen angeboten. Der Aufbaukurs und der Freeride-Kurs sind dann schon für Fahrer, die erste Erfahrungen im Mountainbiken gemacht haben, geeignet. Wer noch kein Besitzer eines geländegängigen Mountainbikes ist – vor Ort kann auch eines pro Kurs/Workshop/Tour für 45 Euro geliehen werden.

Am Kiosk an der Talstation darf entspannt und sich gestärkt werden. Hier lassen sich die kleinen und großen Biker Wiener mit Brötchen, Bratwürste, Käsestangen oder auch Kuchen schmecken. Süße Leckereien wie Eis oder Gummibärchen sind ebenfalls erhältlich.

> **Tipp**
> Es gilt Helm- und Protektorenpflicht im Bikepark. Empfohlen werden Vollvisierhelm, Protektorenjacke, Knie- und Schienbeinschoner, Handschuhe sowie eine Nackenstütze (ein sog. Leatt Brace).

13 Tiergarten Nürnberg

Im Bollerwagen durch den Zoo

67 Hektar groß ist der Tiergarten Nürnberg, der am Rande der Stadt liegt. Unter den etwa 280 Tierarten findet man auch besonders gefährdete. Der Tiergarten besteht seit 1912, seit 1939 befindet er sich am Schmausenbuck.

Der Tiergarten Nürnberg blickt auf eine lange Geschichte zurück. Einst wurde er 1912 am Luitpoldhain eröffnet. Nach Schließung und zweijähriger Bauzeit wurde er als Landschaftszoo am Schmausenbuck wiedereröffnet.

Heute gehört der Tiergarten mit seinen rund 70 Hektar zu den größten Zoos. Über 2000 Lebewesen und 280 verschiedene Arten leben auf dem Gelände. Darunter befinden sich auch viele Säugetier- und Vogelarten.

Um das Gelände mit kleinen Kindern zu erkunden, empfiehlt es sich, einen Bollerwagen am Eingang auszuleihen. In ihm lassen sich die Tiere ganz gemütlich entdecken. Neben Kamelen, Tigern und Luchsen beobachten

■ **Anfahrt:** Mit dem Auto: Über die A3, Ausfahrt Mögeldorf oder A9, Ausfahrt Fischbach nach Nürnberg Richtung Stadtteil Mögeldorf. Mit den öffentlichen Verkehrsmitteln: Vom Hauptbahnhof aus mit der Straßenbahn (Linie 5)
■ **Öffnungszeiten:** März–Sept. 8–19.30 Uhr (Mitte März–Anfang Okt.), Okt.–Feb. 9–18 Uhr
■ **Preise:** Erwachsene: 13,50 Euro, Kinder (4–13 Jahre): 6,50 Euro, Familie (2 Erw. + eigene Kinder): 31,50 Euro, Bollerwagen: 3 Euro (20 Euro Pfand)
■ **Altersempfehlung:** Ab 0 Jahre
■ **Einkehr:** Café Restaurant Waldschänke im Tiergarten, Kiosk am Kinderzoo, Kiosk »Zum Haubentaucher« am Tiergarteneingang, »Bistro Lagunenblick«
■ **Info:** Stadt Nürnberg – Tiergarten, Am Tiergarten 30, 90480 Nürnberg, Tel. 0911/545 46, tiergarten@stadt.nuernberg.de, www.tiergarten.nuernberg.de

Sanfte Berührungen

die Kinder Elefanten, Pinguine oder auch Giraffen. Antilopen und Zwerg-
flusspferde sind ebenfalls Bewohner des Tiergartens. Ein tolles Erlebnis ist
es, einer Fütterung im Tiergarten beizuwohnen. So werden die Löwen und
Tiger am Dienstag und Mittwoch sowie von Freitag bis Sonntag jeweils
um 15.30 Uhr gefüttert und die Otter im **Aqua-
park** täglich um 15 Uhr. Die Pinguine dürfen
sich über ihre Leckereien täglich um 15.30 Uhr
freuen.

Ein besonderes Highlight ist das **Eisbärenge-
lände**, in dem große und kleine Bären friedlich
miteinander spielen. Zudem sehr beliebt ist die
Delfinlagune, in der die Augen der Jungen und
Mädchen vor Staunen immer größer werden.
Friedlich schwimmen die Seelöwen mit den Del-
finen in der naturnahen Beckenlandschaft um

Tipp
Sehr beliebt sind Erlebnis-
camps (Zeltlager) für Kinder im
Alter von 8 bis 12 Jahren. Hier
sind die Kinder 24 Stunden im
Tiergarten und erfahren, wie
z. B. Tierfutter zubereitet wird.
Eine Nachtwanderung ist ein
besonderer Hit! Für das Erleb-
niscamp ist eine rechtzeitige
Anmeldung notwendig!

Im Blauen Salon

die Wette. Im Kinderzoo sehen sich die Kids die Tiere ganz aus der Nähe an. Die kleinen Zicklein freuen sich immer über Streicheleinheiten!

Der Tiergarten Nürnberg führt interessante Führungen durch. Nach vorheriger Anmeldung (Di. und Do. 10–12 Uhr unter 0911/545 48 33) besuchen die Eltern und Kinder ab acht Jahren ihr Lieblingstier. Die einstündige Führung kostet 100 Euro zuzüglich ermäßigtem Tiergarteneintritt. Neben allgemeinen Tiergartenführungen von ca. eineinhalb bis zwei Stunden für 70 Euro zuzüglich ermäßigtem Tiergarteneintritt werden auch Morgen- oder Abendführungen veranstaltet. Für Kinder ein besonderes Highlight ist der Kindergeburtstag im Tiergarten. Eine ca. zweistündige Führung für Kinder im Alter von sechs Jahren kostet 75 Euro pro Gruppe zuzüglich ermäßigtem Tiergarteneintritt (Geburtstagskind und eine Begleitperson haben freien Eintritt). Für ein Geburtstagsessen in der Waldschänke sollten 5,40 Euro pro Kind (inklusive Kinderbuffet, einem kleinem Getränk, kleinem Eis und kleiner Überraschung) und 6,70 Euro pro Erwachsenem (inklusive Kinderbuffet, aber ohne Getränk, Eis und Überraschung) eingeplant werden.

Dampfbahn Fränkische Schweiz 14

Mit der Lok durchs Wiesenttal

Mit viel Dampf und Geknatter fährt die Dampfbahn Fränkische Schweiz seine Passagiere auf der vereinseigenen Strecke Ebermannstadt-Behringersmühle. Seit dem Jahr 1974 besteht die Dampfbahn Fränkische Schweiz e. V. Der Verein hat es sich zum Ziel gemacht, historische Schienenfahrzeuge, vor allem die Museumsbahn, zu erwerben und zu erhalten.

»Eine Bahnfahrt, die ist lustig …«: Das können die Familien nach einer Fahrt mit der Dampfbahn Fränkische Schweiz (kurz auch DFS genannt) nur bestätigen. Etwa 16 Kilometer lang ist die Strecke der Museumsbahn. Jedes Jahr kann der Verein über 20 000 Fahrgäste verzeichnen, die sich auf eine Fahrt auf der reizvollen Strecke von Ebermannstadt nach Behringersmühle begeben.

■ **Anfahrt:** Mit dem Auto: Autobahn A73, Ausfahrt Forchheim Süd, von Osten über die Autobahn A9, Ausfahrt Pegnitz/Grafenwöhr. Mit der Bahn: Anschlüsse von Forchheim/Ofr. nach Ebermannstadt im Stundentakt (DB-Kursbuch Strecke 821 und Strecke R22 des Verkehrsverbundes Großraum Nürnberg, VGN)
■ **Fahrtzeiten:** April–Okt.
■ **Preise:** Eine Station Kinder (6–14 Jahre): 1,50 Euro, eine Station Erwachsene: 3 Euro,
Rückfahrkarte: Gesamtstrecke (Hin- und Rückfahrt) Kinder (6–14 Jahre): 6 Euro, Erwachsene: 12 Euro
■ **Altersempfehlung:** Ab 1 Jahr
■ **Einkehr:** Restaurant Schwanenbräu, Marktplatz 2, 91320 Ebermannstadt, Tel. 09194/209, www.schwanenbraeu.de
■ **Info:** Dampfbahn Fränkische Schweiz e.V., Postfach 1101, 91316 Ebermannstadt, Tel. 09194/72 51 75, Tickets@ dfs.ebermannstadt.de

Rauchender Koloss

Die DFS ist die älteste Museumsbahn in Franken und unterhält für den Museumsbetrieb einen beachtlichen Fuhrpark. Hierzu gehören drei **Dampflokomotiven**, eine Akkumulatorlokomotive, vier Diesellokomotiven und ein Dieseltriebwagen sowie eine Anzahl historischer Reisezugwagen, besonders Donnerbüchsen und Umbauwagen.

Tipp

Sehr bemerkenswert ist das Familienangebot der DFS: Kinder unter 6 Jahren fahren kostenlos, haben jedoch keinen Anspruch auf einen Sitzplatz. Auf einer Erwachsenenfahrkarte kann ein Kind (6–14 Jahre) unentgeltlich mitfahren. Der Kinderausweis ist auf Verlangen vorzuzeigen.

Jeden Sonntag und an vielen Feiertagen von April bis Oktober fahren die historischen Züge. Daneben gibt es noch die Sonderfahrten wie der »kleinKUNSTZug«. An mehreren Samstagabenden präsentieren Künstler ihr Können im Museumsdampfzug. Am Büffet stillen die Fahrgäste ihren Appetit, während sich die Bahn zischend auf den Gleisen fortbewegt. In den Sommerferien fahren Feriensonderzüge nach dem Motto »Mit Volldampf durch die Ferien« ab Ebermannstadt durchs Wiesenttal nach Behrin-

Warten auf das »Zügle«

gersmühle. Sehr beliebt bei den Kindern sind die Nikolausfahrten. Die re-
servierungspflichtige Fahrt ist sowohl für Jungen als auch für Mädchen
ein unvergessenes Erlebnis. Denn hier genießen sie nicht nur die Zug-
fahrt, sondern können den Nikolaus live erleben. Buchungen sind unter
der Telefonnummer 09194/ 79 45 41 oder 09194/72 51 75, fernschriftlich
per Fax unter 09194/79 45 42 oder persönlich ab Mai an Dampfbetriebs-
tagen am Fahrkartenschalter im Bahnhof Ebermannstadt möglich.

Um Züge dreht es sich auch in Muggendorf im **Museum »Die Bahnschranke«**. Hier bewundern die Familien Exponate der Marke Liliput oder
Spur S. Einzelstücke der Königlich Sächsischen Staatseisenbahn sind
gleichfalls zu sehen. Der Besuch macht sowohl kleinen als auch großen
Eisenbahnfans viel Spaß und lässt sich herrlich mit einer Fahrt der DFS
kombinieren. Das Museum befindet sich am Ortsausgang Wiesenttal,
Richtung Behringersmühle, in der Bayreuther Str. 23. Der Eintritt beträgt
für Erwachsene 2,50 Euro und für Kinder ab sechs Jahren 1 Euro. Es hat
jeden Sonntag von 10 bis 12 Uhr und von 14 bis 17 Uhr geöffnet.

15 Klingender Wasserfall

Tolle Wanderung im Sommer und Winter

Ein Naturdenkmal der besonderen Art ist der Klingende Wasserfall in der Hüttenbachschlucht bei Haimendorf. Mit seiner Gesamthöhe von ca. fünf Metern wirkt der Wasserfall auf die Kinder sehr beeindruckend. Im Winter macht er dann seinem Namen alle Ehre.

Als Geotop (Nr. 574R011) wird der Klingende Wasserfall im Nürnberger Land korrekt ausgewiesen. Mit seiner Fallhöhe von ca. fünf Metern wirkt der Klingende Wasserfall imposant auf die Wanderer. Das Naturdenkmal ist bereits im Sommer wunderschön anzusehen, doch besonders im Winter ist der Wasserfall einen Besuch wert.

Zur kalten Jahreszeit bietet sich dem Betrachter nämlich nochmal ein ganz anderes Schauspiel. Aufgrund der Kälte bilden sich viele Eiszapfen, hinter denen sich immer noch das Wasser seinen Weg bahnt. Dadurch werden verschiedene Töne erzeugt, was zu dem Namen »Klingender Wasserfall« geführt hat. Auch der Hüttenbach, der hier fröhlich über die Sandsteinstufen springt, ist aufgrund der Felsaushöhlungen nicht unbedingt leise.

■ **Anfahrt:** Mit dem Auto: Über die A9, Ausfahrt Lauf (Nr. 50) nach Haimendorf
■ **Preise:** Frei zugänglich.
■ **Altersempfehlung:** Ab 1 Jahr
■ **Einkehr:** Berggasthof Moritzberg
■ **Info:** Bürgertreff und Info-Punkt Lauf, Hellergasse 2 (Nähe Altes Rathaus), 91207 Lauf a.d. Pegnitz, Tel. 09123/ 98 82 35, www.buergertreff-lauf.de/start/

Zu erreichen ist der Klingende Wasserfall am besten von Schönberg oder Haimendorf aus über den Wanderweg Schönberger Jakobsweg. Für kleine Kinder gut geeignet ist der Startpunkt am Spielplatz zum »Klingenden Wasserfall« in Haimendorf. Von da geht es weiter auf den Moritzberg, der 603 Meter hoch ist. Dort gibt es für Kinder die Gelegenheit, den Turm zu erobern und sich einen Rundumblick zu gönnen. In dem Berggasthof stärken sich die Eltern und Kinder mit fränkischen Gerichten. Sonntags gibt es auch Braten! Kinder, die sich nochmal gehörig austoben möchten, entdecken einen Kinderspielplatz mit Slacklines. Geöffnet hat der Berg-

Der Klingende Wasserfall – ein Naturdenkmal

gasthof von Mittwoch bis Sonntag ab 11 Uhr (Montag und Dienstag ist Ruhetag). Für Reservierungen ist der Berggasthof Moritzberg, 90552 Röthenbach telefonisch unter der Nummer 09120/83 93 zu erreichen. Anfragen werden auch gern über info@berggasthof-moritzberg.com entgegengenommen.

In direkter Nähe von Haimendorf befindet sich ein weiteres Naturphänomen, der **Sprosselbrunnen**, auch Spratzelbrunnen genannt. »Spratzeln« bedeutet »knistern« und steht für die Geräusche, die während des Wasseraustritts entstehen. Abhängig von der Jahreszeit und dem Wetter entsteht eine Schüttung von mehreren Litern pro Sekunde. Das Wasser selbst mündet später in den Hüttenbach. Ebenso wie der Klingende Wasserfall ist auch der Sprosselbrunnen gut zu Fuß zu erreichen. Für Familien, die gerne wandern, ist die ca. 19 Kilometer lange Tour von Lauf aus empfehlenswert. Etwa vier Stunden sollten dafür eingeplant werden. Der Rundwanderweg führt an der Nessenmühle vorbei durch die Orte Schönberg und Weigenhofen. Nach dem Erreichen des Moritzberges geht es weiter zum Klingenden Wasserfall, dann durch einen Hohlweg und die Hüttenbachschlucht zum Sprosselbrunnen, schließlich wieder zurück nach Lauf.

16 Handwerkerhof Nürnberg

Spielzeug, Kreatives und Leckereien

Der Handwerkerhof am Königstor in Nürnberg ist eine bekannte Attraktion. Im ehemaligen Nürnberger Waffenhof, in direkter Nähe zum Nürnberger Hauptbahnhof, entstand ein kleines Handwerkerstädtchen. Dieses wurde im Dürerjahr zum 500. Geburtstag Albrecht Dürers am 1. April 1971 errichtet.

Kleine Häuser mit Fachwerkfassaden und historisches Kopfsteinpflaster zeichnen den Handwerkerhof in Nürnberg aus. Hier fühlen sich Eltern und Kinder in längst vergangene Zeiten zurückversetzt. Traditionelle Handwerkskunst lebt wieder auf und auch die kulinarischen Genüsse sind allseits beliebt.

■ **Anfahrt:** Mit dem Auto: Über die B2, B4 oder B8 Richtung Nürnberg Stadtmitte/Hauptbahnhof. Mit der Bahn: Nur ca. 350 m vom Hauptbahnhof entfernt

■ **Öffnungszeiten:** 16. März bis 31. Dezember (Handwerkerhof Mo–Sa 9–22 Uhr, Ladengeschäfte Mo–Fr 10–18.30 Uhr, Sa 10–16 Uhr, Gastronomie Mo–Sa 10.30–22 Uhr)

■ **Preise:** Frei zugänglich

■ **Altersempfehlung:** Ab 1 Jahr

■ **Einkehr:** In allen Lokalitäten des Handwerkerhofes

■ **Info:** Handwerkerhof – Eine Einrichtung der Stadt Nürnberg – Betrieb gewerblicher Art »Märkte«, Tel. 0911/98 83 35 90, info@handwerkerhof.de, www.handwerkerhof.de

Während eines Spazierganges durch die Gässchen des Handwerkerhofs am Königstor geraten nicht nur die Erwachsenen ins Schwärmen. Im Blechspielzeugladen von Alexander Baier bewundern die Kinder Trommelaffen, Specht-Spardosen, Loks und Waggons und auch aufziehbare Blech-Motorradfahrer. Wer selbst ein defektes Blechspielzeug zu Hause besitzt, kann dieses vor Ort wieder reparieren lassen. In der **Lebküchnerei** gibt es die Möglichkeit, zu speziellen Terminen dem Lebküchner dabei zuzusehen, wie die Leckereien nach jahrhundertealtem Rezept unter seinen Händen entstehen. Natürlich gibt es hier allerlei Variationen des Lebkuchens zu erwerben.

Die Puppenstube im Handwerkerhof ist ebenfalls ein Paradies für Kinder. Wo man nur hinsieht, entdeckt man Puppen und Teddys in jeder möglichen Variation. Egal, ob blond oder brü-

Köche am Grill

nett, klein oder groß, der klassische Teddy mit braunem Fell oder auch der moderne mit buntem Fell – alle können hier bestaunt werden. Steiff-Bären und Hermann-Teddys stehen, sitzen oder liegen friedlich neben den Schildkröt-Puppen und Käthe-Kruse-Puppen.

In der Töpferei bewundern die Besucher Gefäße wie Vasen oder auch Schalen, während am Stand der »Lachenden Gesichter« Holzspielzeug und Produkte aus Holz präsentiert werden. Hier wird auch noch das Kunsthandwerk der Holzbrandmalerei ausgeübt!

Die Einkehr im **Bratwurst-Glöcklein** im Handwerkerhof ist für viele Einheimische ein obligatorisches Vergnügen. Während man sich entspannt hinsetzt und das Treiben im Handwerkerhof auf sich wirken lässt, freut sich der Bauch über die leckeren Würste, die stilvoll auf einem historischen Zinnteller serviert werden.

Bei der Nachtisch-Suche ist der Besuch des **Schoggoladn Hoisla** empfehlenswert. Die Lebkugel ist ein Trüffel, der 2008 als Nebenprodukt für den ersten Nürnberger Lebkuchenmarkt entstand. Wolfgang Marx – ein Chocolatier aus Leidenschaft – denkt sich immer wieder neue Füllungen aus. Dabei experimentiert er auch mit Zutaten wie Bärlauch, Tomaten und geräuchertem Lachs.

> **Tipp**
> Mehrfach im Jahr hat der Handwerkermarkt verkaufsoffene Sonntage, beispielsweise während des Altstadtfestes/ Herbstmarktes oder des Christkindlesmarktes.

17 Wildpark Bad Mergentheim

Heimische Tiere hautnah erleben

In naturnahen Gehegen leben die Tiere im Wildpark Bad Mergentheim. Der Wildpark ist einer der artenreichsten Wild- und Haustierparks in Europa. Bereits im Jahr 1973 wurde er gegründet.

Wild- und Haustiere erleben die Eltern und Kinder im Wildpark Bad Mergentheim. Auf einem Rundweg, der ca. zwei Kilometer lang ist, beobachten sie insbesondere heimische Tiere und Haustiere. Neben Steinböcken, Gämsen und Mufflons gibt es auch Kormorane, Rotwild, Damwild und Milane zu sehen. Nachtaktive Tiere wie Schnee-Eule und Bartkauz leben einträchtig in der Nähe von Wildschweinen oder dem Wolfsrudel. Der **Spielbauernhof** ist eine Attraktion für die Kleinsten. Sowohl Mädchen als auch Jungen streicheln den Tieren über das Fell, bestaunen die Zwergrinder oder betrachten das Versteckspiel der Mäuse im Mäusehaus.

- **Anfahrt:** Mit dem Auto: B290 von Richtung Crailsheim kommend nach 1,5 km nach Bad Mergentheim. Mit dem Bus: Vom 1.5.–31.10. fährt von und nach Bad Mergentheim ein Bus
- **Öffnungszeiten:** März–Nov. 9–18 Uhr (letzter Einlass ist um 16.30 Uhr). Im Winter nur an Wochenenden geöffnet
- **Preise:** Erwachsene: 8,50 Euro, Kinder (3–15 Jahre): 5,50 Euro, Geburtstagskinder haben freien Eintritt, ebenso Rollstuhlfahrer und Blinde
- **Altersempfehlung:** Ab 0 Jahre
- **Einkehr:** In den gastronomischen Einrichtungen, Grillplatz
- **Info:** Fauna Wildpark GmbH (Wildpark Bad Mergentheim), an der B290, 97980 Bad Mergentheim, Tel. 07931/413 44, www.wildtierpark.de

Tipp

Zum Kindergeburtstag im Wildpark begeben sich die Kinder als Tierpfleger zu den Tieren, um sie zu füttern und zu putzen. Beim Indianergeburtstag beschäftigen sie sich mit Regenmachern oder Kriegsbemalung, während sie zum Rittergeburtstag Korn für Stockbrot malen und sich mit dem Buttern oder auch Filzen auseinandersetzen. Welche Themen zur Verfügung stehen, kann unter Tel. 07931/474 56 erfragt werden. Ein Kindergeburtstag dauert 4 bis 5 Stunden und kostet bei 10 Kindern rund 180 Euro. Jedes weitere Kind kostet 18 Euro. Ein Erwachsener ist frei.

Sehr beliebt sind die **Haustiervorführungen**. Hier lernen Eltern und Kinder Neues über Schafe, Hütehunde, Schweine, Enten, Hühner, Ochsen, Pferde, Esel. Die Besucher erfahren, dass in unseren Breiten auch Haustierrassen vom Aussterben bedroht sind und können die Lernfähigkeit der Tiere bewundern.

Unter dem Motto »Tiere sehen und erleben« erkunden die Familien zusammen mit dem Tierpfleger den Wildpark. Gemeinsam füttern sie die Tiere und lernen viel über ihre Eigenheiten. So erfahren die Besucher beispielsweise, wie gut das Hörvermögen eines Uhus ist oder auch, wie schnell ein Bär rennen kann. Alle auftauchenden Fragen werden von dem Tierpfleger beantwortet. Jeweils ab 9.45 und 13.30 Uhr findet dieser Programmpunkt statt. Je nach Witterung dauert er ca. 2,5 Stunden inklusive Haustierführung.

Hoch hinaus!

Auf eigene Faust lässt sich der Wildpark natürlich auch erkunden. Für kleinere Kinder kann ein Bollerwagen gegen eine kleine Spende zugunsten der Elterninitiative leukämie- und tumorkranker Kinder Würzburg e. V. ausgeliehen werden. So können die Kinder auch ganz gemütlich der Fütterung von Adlern, Eulen, Kormoranen und Rothirschen ab 9.45 Uhr und 13.30 Uhr, der Fütterung des Wolfsrudels um ca. 10.50 Uhr und 14.40 Uhr oder der Fütterung von Wildschweinen, Seeadlern, Bibern, Eisfüchsen, Waschbären und Wildkatzen ab ca. 11.40 Uhr und 15.30 Uhr beiwohnen.

Im Sommer versorgt die Jägerstube mit Sonnenterrasse Eltern und Kinder mit deftigen und vegetarischen Speisen. Für die Kinder gibt es eigene Kindergerichte wie Kartoffelpuffer oder Spaghetti. Im Winter hat dann das Holzhaus geöffnet. Hier stehen neben hausgemachter Gulaschsuppe und Apfelstrudel auch hausgemachte Bratwürste mit Sauerkraut auf der Karte. Der Grillplatz im Wildpark kann ohne Voranmeldung genutzt werden.

18 Sommerrodelbahn Ochsenkopf

Abenteuer pur

Tipp

Am Ochsenkopf befindet sich ein Märchenwanderweg. Der Rundweg hat 14 Schilder mit Märchenfiguren und ist etwa 2 km lang. Startpunkt für die ausgeschilderte Wanderung ist das Rathaus Bischofsgrün. Malbücher zum Märchenwanderweg erhalten die Familien in der Kur- und Tourist-Information Bischofsgrün.

■ **Anfahrt:** Mit dem Auto: Über die A9 oder A93 und die B303 nach Bischofsgrün
■ **Öffnungszeiten:** Apr.–Okt. 9.30–17 Uhr
■ **Preise:** Mit Seilbahn pro Fahrt: 4 Euro, ohne Seilbahn: 3 Euro, Mehrfahrtenkarten günstiger
■ **Altersempfehlung:** Ab 4 Jahre
■ **Einkehr:** Gaststätte an der Talstation
■ **Info:** Sommerrodelbahn, 95493 Bischofsgrün, Tel. 09276/604, www.sommerrodelbahn-ochsenkopf.de

Ein himmlisches Vergnügen ist die Fahrt auf der Sommerrodelbahn Ochsenkopf. Die Sommerrodelbahn startet an der Mittelstation des Sesselliftes. Dorthin gelangt man am besten im Rahmen einer Wanderung oder auch bequem mit dem Sessellift.

Die Sommerrodelbahn am Ochsenkopf in Bischofsgrün hat von Frühjahr bis Herbst geöffnet. Um zu ihr zu gelangen, sollte eine kleine 20-minütige Wanderung eingeplant werden. Wer es bequemer möchte, nimmt den Sessellift und fährt bis zur Zwischenstation. Neben den Doppelsitzer-Schlitten verfügt die Sommerrodelbahn auch über die einsitzigen Rennschlitten.

Quer durch den Wald geht die Fahrt in den Schlitten Richtung Talstation. Die Rodelbahn ist ca. 1000 Meter lang. Während der Fahrt wird ein Höhenunterschied von 140 Metern überwunden. **Zehn Steilkurven** zeichnen die Rodelbahn weiterhin aus. Wer von den Eltern und Kindern nicht so schnell unterwegs sein möchte, kann die Geschwindigkeit der Schlitten je nach Bedarf drosseln und die Fahrt entspannt genießen.

Die Sommerrodelbahn hat stets bei gutem Wetter geöffnet. Allerdings kann sie auch nur genutzt werden, wenn sie trocken ist. Auskunft erhalten die Familien unter der Telefonnummer 09276/604.

Im Rodelfieber

Auf dem Gipfel des Ochsenkopfes finden die Familien einen Spielplatz vor. Hier kann gerutscht und geklettert werden. Auch zwei Schaukeln können ausgiebig erprobt werden. Die Eltern haben die Gelegenheit, im Schatten zu entspannen, während die Kinder spielen. Gleich in der Nähe befindet sich ein Kiosk, wo sich die Kinder und Eltern mit Getränken und kleinen Snacks stärken können.

Hinunter geht es den Berg wieder mit der Seilbahn oder zu Fuß. Bis zur Mittelstation sind es 30 Minuten. Nach insgesamt einer Stunde Fußweg erreichen die Wanderer die Talstation. Hier gibt es eine Gaststätte, wo der Kuchen und das Essen gern gelobt werden.

Übrigens ist der Ochsenkopf auch ein Mekka für MTB-Fahrer. Auf dem Gipfel treffen sie sich fürs Downhill-Fahren. Die über zwei Kilometer lange, anspruchsvolle Single-Trail-Strecke führt zur Talstation nach Fleckl. Einzelne schwierige Abschnitte können auch umfahren werden. Die **Bike-Strecken** dürfen kostenlos befahren werden. Die Sicherheitshinweise und Verhaltensregeln sollten dennoch beachtet werden. Übrigens kann mit der Seilbahn Ochsenkopf Süd auch das Fahrrad transportiert werden.

Im Winter zieht der Ochsenkopf vor allem Wintersportler an. Ein Anfängerbereich im Talbereich Nord, die Obere Ringloipe und viele weitere Bereiche stehen Skifahrern und Rodlern zur Verfügung.

19 Naturlehrpfad »Rund um die Wilhelmine« Sommerkahl

Fledermäusen, Schlangen und Molchen auf der Spur

Der Naturlehrpfad »Rund um die Wilhelmine« Sommerkahl ist ein Vergnügen für jedes Familienmitglied. Auf diesem Lehrpfad in Unterfranken erwartet die Spaziergänger eine reizvolle Naturlandschaft gepaart mit interessanten Naturerlebnissen.

Hinweis
Der Naturlehrpfad ist nur bedingt für Kinderwagen und Rollstühle geeignet.

■ **Anfahrt:** Mit dem Auto: A66 bis zur Ausfahrt 44 bei Gelnhausen-Ost oder über die A3 bis Hösbach
■ **Weglänge:** Ca. 7 km
■ **Altersempfehlung:** Ab 6 Jahre
■ **Einkehr:** Gasthaus »Zum Grünen Baum«, Schwedenstr. 4, 63825 Sommerkahl, Tel. 06024/10 73, www.gruenerbaum-sommerkahl.de
■ **Info:** Kupferbergwerk Grube Wilhelmine Sommerkahl e.V. 2000, Vorstand Wilhelm Völker, Kestweg 3, 63825 Sommerkahl, Tel. 06024/37 85, www.bergwerk-im-spessart.de

Der Ausgangspunkt, von dem man den Naturlehrpfad »Rund um die Wilhelmine« Sommerkahl erobert, ist das ehemalige Kupferbergwerk. Sechs Schautafeln erwarten die Eltern und Kinder. Mit den nachfolgenden Themen werden sie sich im Rahmen einer Wanderung beschäftigen: Felswand am ehemaligen Kupferbergwerk, Amphibienfreistätte »Speckkahl«, der Vorspessart um Sommerkahl, »Alter Steinbruch«, Pingenfelder im Wald.

Die erste Station ist die Felswand am ehemaligen Kupferbergwerk. Hier können die Familien sehen, wie der Fels in vergangener Zeit von Moosen und Algen bewachsen wurde. Fledermäuse bewohnen den Stollen während der kalten Jahreszeit, wo einst Kupfererze im Bereich der Grube Wilhelmine gefunden wurden. Im **Naturschutzgebiet »Amphibienfreistätte Speckkahl«** finden die Familien ein Quellmoor mit einer Reihe von Amphibien vor. Sowohl Ringelnattern als auch Bergmolche sind hier zu Hause. Die dritte Station informiert über die Gesteinsschichten bzw. die Bodenarten, die im kristallinen Vorspessart um Sommerkahl vorkommen.

Staunen im ehemaligen Kupferbergwerk

Viele Tiere und Pflanzen fühlen sich hier heimisch. Am Kalksteinbruch bewundern die Eltern und Kinder wärmeliebende, lichtbedürftige Pflanzen. Viele bunte Schmetterlinge fliegen fröhlich über die Wiesen, während hier einmal im Jahr Schafe und Ziegen weiden.

Die letzte Station sind die Pingenfelder im Wald. Hier kann man alte Mulden, Gräben und Halden auf dem Gelände erkennen, wo einst Eisenerz gewonnen wurde. Bis zum 20. Jahrhundert wurde vor Ort mit Spitzhacke, Eisenschlägel und Brecheisen gearbeitet.

Lohnenswert ist vor oder nach der Wanderung auf dem Naturlehrpfad der Besuch des **Kupferbergwerks in Sommerkahl**. Ein Teil der alten Stollen wurde freigelegt und beleuchtet, sodass einer Besichtigung »unter Tage« nichts im Wege steht. Mineralien, die im Bergwerk gefunden wurden, sind in der dazugehörigen Ausstellung zu sehen. Von April bis Oktober können jeweils dienstags, donnerstags, samstags und sonntags zwischen 10 und 16 Uhr Führungen stattfinden. Notwendig ist hier eine vorherige Terminvereinbarung bei Herrn Hans Krautschneider unter der Telefonnummer 06024/22 04 oder per E-Mail: hans.krautschneider@t-online.de. Der Eintritt ins Bergwerk kostet für Kinder 2,50 Euro, für Erwachsene 3,50 Euro.

20 Botanischer Garten Erlangen

Entdeckerreise zu heimischen Pflanzen und exotischen Gewürzen

Den Botanischen Garten in Erlangen finden die Familien im Norden des Schlossgartens. Über 5000 Gewächse aus aller Welt gedeihen auf dem etwa zwei Hektar großen Gelände. Als Einrichtung der Friedrich-Alexander-Universität Erlangen-Nürnberg besteht der Botanische Garten seit 1828 mitten in der Stadt.

Pflanzen verschiedenster Arten können Eltern und Kinder während eines Spazierganges durch den Botanischen Garten Erlangen besichtigen. Täglich bestaunen die Besucher im Freiland die Pflanzen im Bereich Alpinum, Feuchtbiotop, Sandgrasheide und Steppe. Thymian, Kümmel, Salbei, Waldmeister, Minze, Ringelblume, aber auch das Maiglöckchen wachsen im Arzneigarten, während Strauchpfingstrosen, Azaleen und Rhododendren ihre ganze Farbenpracht im **Fernöstlichen Garten** zur Schau stellen. Ein wahrer Augenschmaus sind auch die blauen, roten und gelben Seerosen sowie die Lotosblumen.

Palmen, Feigenbäume, Kakteen und andere Sukkulente oder auch tropische Nutzpflanzen wie Baumwolle, Kaffee, Kakao und Gewürzpflanzen wie Vanille und Zimt können in den Gewächshäusern bewundert werden. Ananasgewächse, Aronstabgewächse, Kakteengewächse sowie fleischfressende Pflanzen zählen dazu. Die Gewächshäuser haben von Dienstag bis Sonntag und an Feiertagen von 9.30 bis 15.30 Uhr geöffnet.

Von April bis September kann an Sonntagen von 14 bis 16 Uhr die **Neischlhöhle** besichtigt

■ **Anfahrt:** Mit dem Auto: Über die A73, Ausfahrt Erlangen Nord, danach den Wegweisern Botanischer Garten und Theater folgen. Mit den öffentlichen Verkehrsmitteln: 5 Min. zu Fuß vom Bahnhof oder von Bushaltestelle Hugenottenplatz

■ **Öffnungszeiten:** Freiland: Sept.–Mai 8–16 Uhr, Juni–Aug. 8–17.30 Uhr

■ **Preise:** Frei zugänglich

■ **Altersempfehlung:** 0 Jahre

■ **Einkehr:** Salz und Pfeffer, Hartmannstraße 19, 91052 Erlangen, +49(0)9131/40 52 25

■ **Info:** Botanischer Garten, Loschgestr. 1–3, 91054 Erlangen, Tel. 09131/852 29 69, www.botanischer-garten.uni-erlangen.de

Bunte Vielfalt entdecken

werden. Die Grotte – eine Nachbildung einer Dolomit-Tropfsteinhöhle in der Frankenalb – zeichnet sich durch einen 25 Meter langen und bis zu fünf Meter hohen Höhlenraum mit faszinierenden Tropfsteinen aus. Gerade für Kinder ist das ein besonderes Erlebnis!

Für die Hobbybotaniker ist die Botanische Sammlung des Botanischen Gartens interessant. Im Rahmen von Führungen oder Veranstaltungen wie Aktionstagen können die Nasspräparate von Pflanzen und Pflanzenteilen besichtigt werden.

Im Tal der Schwabach an der Ecke Palmsanlage und Martiusweg befinden sich ebenfalls Verlockungen für die Sinne. Frei zugänglich ist der

Weitere Botanische Gärten:
- Botanischer Garten Stadt Hof, Alte Plauener Str. 16, 95028 Hof, www.botanischer-garten-hof.de
- Botanischer Garten der Universität Würzburg, Julius-von-Sachs-Platz 4, 97082 Würzburg, www.bgw.uni-wuerzburg.de
- Bürgerpark Bamberger Hain, Mühlwörth, 96047 Bamberg, www.stadt.bamberg.de
- Ökologisch-Botanischer Garten Bayreuth, Universitätsstr. 30, 95440 Bayreuth, www.obg.uni-bayreuth.de

Aromagarten von April bis Oktober von 7 bis 19 Uhr. Von Mai bis September finden öffentliche Führungen statt. Außerdem ist das Aromagartenfest ein besonderes Highlight im Juni.

Neben den Führungen, die nach Vereinbarung in allen Einrichtungen stattfinden, werden regelmäßig Workshops, Vorträge und auch Ausstellungen veranstaltet.

Eine Naturschönheit

Streichelgehege Arche Noah 21

Auf Tuchfühlung mit den Vierbeinern

Sehr kinderfreundlich präsentiert sich das Streichelgehege Arche Noah in Gaukönigshofen. Der Streichel- und Haustierzoo am Rand des Ortes beherbergt ungefähr 100 Tiere. Das etwa vier Hektar große Gelände ist seit 1996 für Besucher zugänglich.

Das Streichelgehege Arche Noah befindet sich auf einem Hügel am Ortsrand von Gaukönigshofen. Hier treffen die Familien auf viele ihnen bekannte Vierbeiner. Das Streichelgehege hält genügend Platz für Esel, Ponys, Rinder, Schafe, Ziegen, Hängebauch- und Wildschweine bereit. Selbst Pfaue, Seidenhühner und Kaninchen können eingehend von den kleinen und großen Besuchern begutachtet werden. Auf einem Teich auf dem Gelände halten sich die Minis gern auf. Hier leben Hühner, Perlhühner, Enten und Gänse friedlich nebeneinander.

Bei dem Streichelgehege Arche Noah darf aber nicht nur geschaut werden. Ganz emsig streicheln die kleinen Hände der Jungen und Mädchen über das Fell ihrer tierischen Freunde. Mit viel Eifer verteilen sie die Leckerlis, die sie im Streichelgehege Arche Noah erwerben können und üben sich als Reitersmann oder Reitersfrau beim Ponyreiten. Mit ein biss-

■ **Anfahrt:** Mit dem Auto: A3 oder A7 und B13 Richtung Ochsenfurt. Mit dem Bus: Bus 8066 von Würzburg, danach eine 15-minütige Wanderung. Alternativ: Zu erreichen vom Gaubahn-Radweg Gaukönigshofen–Rittershausen. Ab Raiffeisenplatz der »weißen Hand« folgen.
■ **Öffnungszeiten:** Von Sonnenaufgang bis Sonnenuntergang, Verkaufsstand sonn- und feiertags ab 14 Uhr
■ **Preise:** Kinder (6–10 Jahre): 50 Cent, Erwachsene: 2 Euro
■ **Altersempfehlung:** Ab 0 Jahre
■ **Einkehr:** Picknicktische, Kiosk Arche Noah
■ **Info:** Streichelgehege Arche Noah, Oberer Rosengarten 38, 97253 Gaukönigshofen, Tel. 09337/764, Tel. 0178/ 135 75 35, www.die-arche-noah.de

Tierische Freuden

chen Glück zeigt der Pfau seine vielen Farben und die Entenmama ihre Küken.

Wer großen Gefallen an einem Tier findet, kann sogar eine Patenschaft übernehmen. Natürlich erhält der Pate auch eine richtige Patenschaftsurkunde. Informationen gibt es dazu bei ta.duerr@t-online.de.

Ein Spielplatz fordert den Nachwuchs zum Toben heraus. Hier wird gerutscht, Fangen oder Verstecken gespielt. In der Nestschaukel lassen sich die Minis sanft wiegen, während sie die Wolken am Himmel bestaunen und den Geräuschen der Tiere lauschen. Die Eltern haben währenddessen die Möglichkeit, zu entspannen und es sich auf den Bänken bequem zu machen. An den Sonn- und Feiertagen lassen sich die Besucher ab 14 Uhr Kaffee, Kuchen und selbst gebackene Waffeln in der Arche Noah schmecken. Für Kids wird sogar Eis bereitgehalten.

Neben den Kindergeburtstagen gibt es viele weitere Events bei der Arche Noah. Im Winter wandern die Familien zusammen mit Pferden, Eseln und Kutsche durch das Gebiet. An einem Lagerfeuer lassen sie sich den Glühwein und Kinderpunsch schmecken. Familienfahrradtouren mit Überraschungen für Groß und Klein oder »Spiel und Spaß am Streichelgehege« sind im Sommer ebenfalls beliebt.

Die Arche Noah ist frei zugänglich. Um eine kleine Spende für den Unterhalt der Tiere wird gebeten. Dafür stehen orangefarbene Geldboxen am Ententeich, bei den Meerschweinchen oder am oberen Eingang bereit.

Zoo Hof

22

Wunderschöner Tiergarten mit tollen Spielplätzen

Im schönen Fichtelgebirge in der Stadt Hof befindet sich der Zoologische Garten direkt im Bürgerpark. Der Zoo wurde von Ludwig Baumann im Jahr 1954 gegründet. Von Jahr zu Jahr wurde er erweitert, bis er sein heutiges Aussehen hatte.

Der Oberfränkische Zoo in Hof befindet sich mit all seinen Tieren am Stadtpark Theresienstein, der zu den schönsten Parkanlagen innerhalb Deutschlands zählt. Neben der eindrucksvollen Tierwelt präsentiert sich dem Besucher die facettenreiche heimische Pflanzenwelt. So haben die Familien auch die Gelegenheit, sich einmal die Welt unter der Erde in

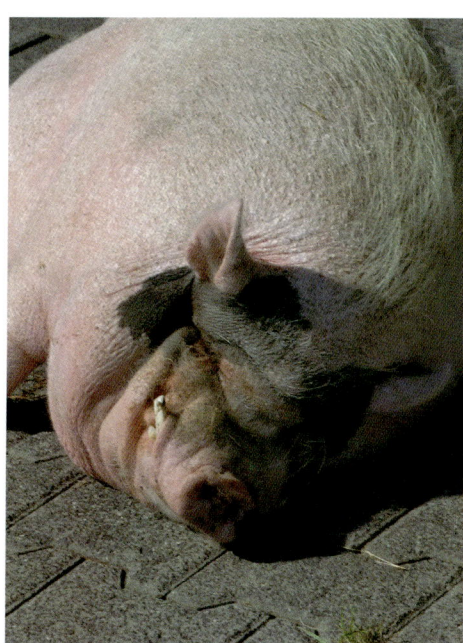

»Sauwohl« im Tiergarten

■ **Anfahrt:** Mit dem Auto: Ortsausgang Hof an der B173 nach Plauen. Mit dem Bus: Stadtbuslinien 3, 8, 11
■ **Öffnungszeiten:** Sommerzeit: 9–18 Uhr, Winterzeit: 9–16 Uhr
■ **Preise:** Familienkarte (Eltern oder Großeltern mit eigenen Kindern bis 18 Jahre): 14 Euro, Erwachsene: 5 Euro, Kinder (3–18 Jahre): 3 Euro, Schwerbehinderte, Schüler, Studenten (mit Ausweis): 3 Euro
■ **Altersempfehlung:** Ab 0 Jahre
■ **Einkehr:** Im Zoo
■ **Info:** Zoo Hof, Am Theresienstein 6, 95028 Hof, Tel. 09281/854 29, www.zoo-hof.de

einem Erdschauhaus anzusehen. Über **80 Gesteins- und Mineralarten** lernen sie in dem geologischen Garten näher kennen und widmen sich eingehend der Ausstellung im Naturkundehaus.

Insgesamt leben im Zoo Hof etwa 640 Tiere von 104 verschiedenen Arten. Die Kinder und Eltern sind Zeugen bei den Späßen der Kapuziner- und Lisztaffen und begutachten die Anmut der Greifvögel. Bedrohte europäische Tierarten wie Steinkauz und Weißstorch sind ebenso wie seltene Haustierrassen im Zoo wieder zu entdecken. Im Tropenhaus bestaunen die Besucher Schlangen, Schildkröten, Leguane und auch Krokodile. Bennett-Kängurus oder Waschbären sind weitere Bewohner. In den begehbaren Volieren erkennen sie Schnee-Eulen wieder und beobachten die Herren des Luchsgeheges.

Tipp

Zum jährlichen Zoofest wird so richtig gefeiert. Eine Hüpfburg, Glücksrad, Zooquiz, Malwettbewerb oder Kinderschminken gibt es zu erleben.

Bei Kindern ist das **Streichelgehege** sehr beliebt. Erwachsene Zwergziegen und Baby-Zwergziegen leben einträchtig im Gehege und warten auf die Zuwendungen der Besucher. Ponys, Minischweine, Kaninchen, Gänse, Enten, Tauben und Hühner sind ebenfalls zu entdecken. Futter erhalten die Jungen und Mädchen aus den speziellen Futterautomaten.

Ein weiteres Highlight ist der Spielplatz. Hier können die Kids nach Herzenslust rutschen und sich an den Spielgeräten vergnügen. Spektakulär sind der Tunnel aus lebender Weide und die Zebra-, Giraffen- und Elefantenskulpturen.

Während der Sommerferien können sich die Kinder ab sechs Jahren täglich selbst einmal als Tierpfleger betätigen. Sie helfen bei der Futterzubereitung und lernen viel Interessantes über die Tiere kennen. Anmeldung und Information unter der Telefonnummer 09281/854 29 oder per E-Mail info@zoo-hof.de.

Altersgerechte Spezialzooführungen, bei denen das Geburtstagskind und seine Freunde Spannendes über die Tiere und ihre Haltung erfahren, sind Inhalte eines Kindergeburtstages. Das Geburtstagskind erhält zu seinem Ehrentag natürlich freien Eintritt. Informationen erhalten die Familien unter der Telefonnummer 0172/231 16 64.

Greifvogel- und Eulenpark Burg Rabenstein   23

Flugvorführungen vor einmaliger Kulisse

Freunde der Helden der Lüfte finden im Greifvogel- und Eulenpark der Burg Rabenstein ein spannendes Freizeitziel. Zahlreiche heimische Vögel haben auf einer Fläche von 30 000 Quadratmetern ein Zuhause gefunden. Während einer Flugvorführung können sie in Aktion erlebt werden.

Auf der Burg Rabenstein fühlen sich Eltern und Kinder in die Zeiten des Mittelalters zurückversetzt. Einst lebten hier Ritterfamilien, in deren Wappen ein Rabe eingearbeitet war. Auf der Burg mit abwechslungsreicher Geschichte finden heute in den Prunksälen verschiedene Events statt. Zudem werden Führungen, Mittelalterspektakel und Feste veranstaltet, die immer wieder eine Vielzahl von Besuchern anziehen.

Zur Burg Rabenstein gehört auch die **Falknerei**. Viele Tag- und Nachtgreifvögel können auf dem Gelände beobachtet werden. Natürlich zeigen auch die Adler, Falken oder Bussarde den Familien ihre ganze Schönheit. Insgesamt gibt es ca. 60 Greifvögel und Eulen in 26 Großvolieren und Freisitz zu besichtigen. Die Falknerei Burg Rabenstein im Ahorntal auf der Fränkischen Alb ist eine Forschungs- und Zuchtstation für Greifvögel und Eulen.

- ■ **Anfahrt:** Mit dem Auto: Über die A9 bis Ausfahrt Pegnitz. Über die B470 Richtung Behringersmühle nach Bayreuth
- ■ **Öffnungszeiten:** 1.4.–6.11. jeweils Di–So, Fei 11–17 Uhr. Flugvorführung findet um 15 Uhr statt
- ■ **Preise:** Erwachsene: 3 Euro, Kinder (5–14 Jahre): 2 Euro, Eintrittspreise für die Flugvorführung (Dauer ca. 1 Stunde) mit Vogelparkbesichtigung: Erwachsene: 7 Euro, Kinder (5–14 Jahre): 4,50 Euro
- ■ **Altersempfehlung:** Ab 0 Jahre
- ■ **Einkehr:** Burgrestaurant Burg Rabenstein, Tel. +49 (0) 9202 / 970 04 40
- ■ **Info:** Falknerei Burg Rabenstein, Burg Rabenstein 33, 95491 Ahorntal, Tel. 09202/97 04 98, www.falknerei-rabenstein.de

Entdeckungstour durch den Greifvogel- und Eulenpark

Während einer einstündigen **Flugvorführung** können die Familien live die Anmut der Vögel bewundern. Adlerbussard, Königsrauhfußbussard, Wüstenbussard und Adler wie Steinadler, Steppenadler und Blauadler zeigen ihr Können. Der Falkner informiert während der Flugvorführung die Besucher über die Charaktereigenschaften, die Entwicklung und das Leben der Tiere.

Hinweis
Bei Regen, starkem Wind oder Gewitter entfallen die Flugvorführungen. Hunde haben keinen Zutritt in den Park.

Aber auch außerhalb der Flugvorführungen können die Tiere genügend Bewegungsfreiheit genießen. Wie sonst üblich, wird bei den Tieren auf die Lederriemen und die Langfesseln an beiden Fußgelenken verzichtet.

Für Familienmitglieder ab 16 Jahren gibt es zudem die Gelegenheit, sich als Hilfsfalkner/in zu betätigen. Hier erlangen sie wertvolle Kenntnisse und werfen einen Blick hinter die Kulissen. Der Termin muss mindestens zwei Wochen vorher unter 0172/730 10 80 vereinbart werden.

Lohnenswert im Anschluss an den Besuch der Burg Rabenstein ist die **Sophienhöhle** im Ailsbachtal. Vom Parkplatz der Burg Rabenstein aus ist die Höhle ca. 400 Meter zu Fuß entfernt. In der Höhle bewundern die Kinder ein weitgehend vollständig zusammengesetztes **Höhlenbärenskelett** aus Originalfunden in der Sophienhöhle. Aber auch die Stalagmiten wie der riesige »Millionär« oder die bis zu fünf Meter langen »Sinterfahnen« wirken sehr beeindruckend. Geöffnet hat die Sophienhöhle von April bis Oktober von Dienstag bis Sonntag von 10.30 bis 17 Uhr, Montag ist Ruhetag (außer an Feiertagen). Führungen finden durchgehend statt. Der Eintritt kostet als Einzelticket (Höhle) für Erwachsene 4,50 Euro, für Kinder (4–14 Jahre) 3 Euro. Das Kombiticket (Burg/Höhle) für Erwachsene kostet 8 Euro, für Kinder (4–14 Jahre) 5 Euro. Familien (zwei Erwachsene + zwei Kinder) zahlen 24 Euro.

Ein Raubvogel

24 Waldwichtelweg in Marktheidenfeld

Kleine Wichtel entdecken die Natur

Für Kinder ist der Spaziergang auf dem Waldwichtelweg in Markt-heidenfeld ein wahres Vergnügen. Je nach Kondition oder Alter des Kindes kann die kürzere oder längere Route auf dem kindgerechten Erlebnispfad gewählt werden. Alternativ kann eine Route gewählt werden, die auch kinderwagentauglich ist.

Der Waldwichtelweg in Marktheidenfeld ist ein Lehrpfad, der schon für ganz kleine Kinder ab drei Jahren geeignet ist. Spielerisch entdecken hier die Jüngsten den Wald und die Umwelt. Der seit 2010 bestehende Wald-wichtelweg lädt die Jungen und Mädchen zum Forschen ein. Mehrere Stationen wurden zu diesem Zweck errichtet. So besuchen die Familien einen Aussichtsturm aus Holz und begutachten das große Vogelnest. Letzteres ist nicht nur für Vögel gedacht, hier dürfen sich auch die Kids eine Pause gönnen. Eine Wohltat für die kleinen und großen Füße ist der Barfußpfad. Verschiedene Untergründe fordern die Sinne der Familien heraus. Das **Zauberlabyrinth** oder auch die Holzxylophone gilt es ebenfalls zu er-obern. Spuren im Sand, die verwunschenen Tiere oder auch die verzauberte Treppe sind weitere Stationen.

Wer den ca. 2,6 Kilometer langen Weg erkunden möchte, sollte schon 1,5 Stunden dafür einpla-nen. Dagegen ist der kurze Weg nur 1,8 Kilome-ter lang. Entsprechende Wegweiser lassen die Familien ihr Ziel erreichen.

Ein paar Regeln sollten die Familien vor ihrem Besuch beachten. Bei Sturm und Gewitter wird empfohlen, auf einen Besuch des Erlebnispfa-des zu verzichten. Die Holzstapel bitte nicht er-

■ **Anfahrt:** Mit dem Auto: Entlang der Waldstraße in Marktheidenfeld, ganz am Ende ist ein Parkplatz zwischen den Bäumen

■ **Öffnungszeiten:** Jan.–Dez.

■ **Preise:** Frei zugänglich

■ **Altersempfehlung:** 0–11 Jahre

■ **Einkehr:** Selbst mitge-brachtes Picknick

■ **Info:** Förderverein Waldkindergarten, 97821 Marktheidenfeld, Tel. 09391/ 908 89 60, www.waldwichtel-weg.de

Ein ganz besonderer Lehrpfad

klimmen und auf die Tiere und Pflanzen Rücksicht nehmen. Außerdem wird darum gebeten, die Stationen in einem guten Zustand zu verlassen.

Ein weiterer sehr schöner **Barfuß- und Naturerlebnispfad** befindet sich in **Windelsbach**. Hier sind alle Sinne wie Fühlen, Tasten, Riechen und Hören gefragt. Die Familien erkunden den Inhalt von Fühlkästen, wandern auf verschiedensten Materialien wie Schotter, Gras, Waldboden, Kies oder Wurzeln und probieren ausgiebig das Baumtelefon aus. Die 1,5 Kilometer lange Strecke beinhaltet zudem Stationen wie Schlammtreten oder den Balancierbaumstamm. Insgesamt erwarten den Besucher 17 Stationen. Zum Abschluss haben die Familien die Gelegenheit, sich am Naturbad Nordenberg die Füße zu waschen. Um den Pfad zu erreichen, ist der Hinweis zum Trimm-Dich-Pfad hilfreich. Der Naturerlebnispfad ist von April bis Oktober geöffnet. Informationen gibt es bei der Gemeinde Windelsbach unter www.windelsbach.de.

25 Wintersport

Freizeitspaß während der kalten Jahreszeit

Die Region in Franken hat in der kalten Jahreszeit eine Menge zu bieten. Ob Schlittschuhfahren, Skifahren oder Rodeln – vieles ist nach Ankunft von Väterchen Frost möglich. Für die Kleinsten ist auch das Bauen eines Schneemanns vor der Haustür ein großes Highlight.

Eislaufen

Abenberg: An der Spalter Straße ist der Gemeindeweiher ein Mekka für Eislaufkünstler.

Feucht: Neben dem Freibad Feuchtasia entsteht bei entsprechender Witterung eine Eislaufbahn.

Schneevergnügungen

Fürth: Mehrere Eisflächen locken in Fürth die Familien auf die Kufen. Eine Woche Dauerfrost ist Voraussetzung! Eislaufen ist dann möglich am Stadtparkweiher (Großer Weiher), im Schlosspark Burgfarrnbach, auf der Eisfläche am Eichenwäldchen Hardhöhe und an der Hans-Sachs-Schule in Stadeln.

Neumarkt: Auf der Kunsteisbahn der Stadtwerke am Volksfestplatz tummeln sich bei frostigen Temperaturen die Eisläufer.

Nürnberg: In der Arena Nürnberger Versicherung üben sich die Familien von Herbst bis ins Frühjahr hinein im Malen von Kringeln auf dem Eis. Öffentlicher Eislauf, EisdiscoARENA und der Seniorenlauf sind nur einige Angebote. Kinder können hier auch ihren Kindergeburtstag feiern! **Info:** Nürnberg Betriebs GmbH, Kurt-Leucht-Weg 11, 90471 Nürnberg, Tel. 0911/98 89 70, www.arena-nuernberg.de

Zirndorf: Die Eislaufbahn im Bibertbad erfreut sich in der kalten Jahreszeit großer Beliebtheit. Hier finden die Familien eine Kunsteisbahn vor. **Info:** Bibertbad Zirndorf, Fürther Str. 8, 90513 Zirndorf, Tel. 0911/960 00, www.bibertbad.zirndorf.de

Skilifte/ Rodelbahnen

Auerbach: Eine 400 Meter lange Abfahrt erwartet die Skifahrer. Gemütlich geht es mit dem Schlepplift nach oben. Geöffnet ist werktags von 14 bis 21 Uhr, Samstag und Sonntag von 13 bis 21 Uhr, ab 18 Uhr mit Flutlicht. **Info:** Tel. 09643/42 28 **Anfahrt:** Über die B 85 nach Auerbach

Draisendorf: Via Lift befindet man sich ruckzuck auf der Bergspitze. Dann geht es etwa 200 Meter (mittelschwere Abfahrt) wieder hinunter. Betrieb täglich ab 13.30 Uhr **Info:** Tel. 09196/517, 401 oder 1358 **Anfahrt:** Von A73, A70 oder A9 Richtung Heiligenstadt, Draisendorf liegt zwischen Wüstenstein und Aufseß

Entenberg: Anfänger und Fortgeschrittene tummeln sich auf dem Berg bei Leinburg zwischen Altdorf und Hersbruck. Werktags ab 14 Uhr, Samstag und Sonntag ab 10 Uhr sind die zwei Lifte in Betrieb. **Info:** Tel. 09120/92 22 **Anfahrt:** An der Straße zwischen Altdorf und Hersbruck auf Höhe Leinburg

Winterfreuden

Etzelwang Brennberglift: Täglich von 13 bis 17 Uhr befördert der Lift die Skifahrer auf den Berg. Dort können dann die Abfahrt Steilhang (500 m), die Familienabfahrt (750 m) und Loipen (10 und 20 km) genutzt werden. **Info:** Tel. 09663/456 **Anfahrt:** Über die A9, Ausfahrt Lauf/Hersbruck, B14 Richtung Hersbruck bis Weigendorf, links Richtung Etzelwang bis Penzenhof

Görauer Anger/Kasendorf: Skifahrer zischen gewandt die 500 Meter lange Skipiste hinunter, während auf die Schlittenfahrer ein 100 Meter langer Rodelhang wartet. **Info:** Tel. 09220/358 **Anfahrt:** Von der A70 über Thurnau nach Kasendorf, weiter Richtung Weismain nach Ziltendorf

Heideck: Am Ortseingang von Rudletzholz befindet sich der Skilift. Täglich ab 13 Uhr bis Einbruch der Dunkelheit geöffnet. Die 300 Meter lange Abfahrt ist sowohl für Kinder als auch für Eltern geeignet. **Anfahrt:** Von der A9 über Hilpoltstein oder Thalmässing nach Heideck. Von dort nach Rudletzholz

Herrieden: Eine Familienanlage befindet sich im Stadtteil Birkach. Eine 250 Meter lange Abfahrt, 20 Kilometer gespurte Loipen und ein Skilift von

13 bis 17.30 Uhr können genutzt werden. Flutlicht von 18 bis 22 Uhr **Info:** Tel. 09804/931 11 **Anfahrt:** Von der A6 über Aurach oder von Feuchtwangen über Herrieden nach Birkach

Hohenstein: Zwei Doppelbügellifte und zwei Rodelbahnen entdecken Wintersportler hier. Für das leibliche Wohl sorgen Gasthöfe. Der Skilift hat werktags von 10 bis 21 Uhr, Samstag und Sonntag von 9 bis 21 Uhr (Flutlicht) geöffnet. **Info:** Tel. 09152/533 **Anfahrt:** Über die A9, Ausfahrt Lauf/Hersbruck oder Harmersdorf/Hohenstein Richtung Kirchensittenbach zum Hohenstein

Lichtenegg: Mehrere Langlaufloipen und eine Rodelbahn für Schlittenfahrer befinden sich zwischen Hersbruck und Sulzbach-Rosenberg. **Info:** 09663/26 16 **Anfahrt:** A9 und B14 nach Pommelsbrunn

Mitteleschenbach (Kreis Ansbach): Skifahrer testen die 600 Meter lange Abfahrtspiste, während sich Schlittenfahrer auf dem separaten Rodelhang auspowern. Täglich von 9 bis 17 Uhr, bei Bedarf Flutlicht von 18 bis 21 Uhr **Info:** Tel. 09871/98 09 **Anfahrt:** Von der A6 über Windsbach nach Mitteleschenbach

Osternohe: Montag bis Freitag von 13 bis 21 Uhr (Flutlicht), Samstag und Sonntag von 9 bis 21 Uhr kann die ein Kilometer lange Abfahrt genutzt werden. **Info:** Tel. 09153/80 07 **Anfahrt:** Über die A9, Ausfahrt Schnaittach nach Osternohe

Spies: Mit dem Doppelbügellift geht es den Berg hinauf. Die leichte Strecke ist auch für Anfänger geeignet. Ein Kiosk versorgt mit Snacks und Getränken. Geöffnet ist täglich von 9 bis 19 Uhr (Flutlicht). **Info:** Tel. 09244/394 **Anfahrt:** Über die A9, Ausfahrt Homersdorf Richtung Spies. Nach dem Ortsausgang direkt an der Straße Richtung Hilpoltstein.

Rothenberg: Rodler und Skifahrer düsen die 700 Meter lange Abfahrt bei Schnaittach hinunter. Werktags von 13 bis 16.30 Uhr, Samstag und Sonntag von 10 bis 16.30 Uhr **Info:** Tel. 09153/84 80 **Anfahrt:** A9 nach Schnaittach, an der Straße Richtung Rabenshof links abbiegen

Thalmässing: Langläufern steht eine sieben Kilometer lange Loipe zur Verfügung. **Anfahrt:** A9, Ausfahrt Greding nach Thalmässing

Erste Experimente

Abenteuer drinnen

26 Spessartmuseum

Unter Räubern und Halunken

Unter dem Thema »Mensch und Wald« erkunden die Eltern und Kinder das Spessartmuseum, welches sich im Schloss zu Lohr am Main befindet. Das Schloss der Grafen von Rieneck und Kurfürsten von Mainz wurde zwischen dem 14. und 16. Jahrhundert erbaut. Es befindet sich im Zentrum von Lohr am Main.

Über 2000 Quadratmeter stehen den Besuchern im Spessartmuseum zum Durchstreifen zur Verfügung. Dabei tauchen sie ein in die Geschichte des Spessarts mit all seinen Geschichten und Mythen. Etwa 40 Räume können erkundet werden. Hier können sich die Familien über Jagd und Forst, das Holzhandwerk, die Metallverarbeitung oder auch die Glasproduktion informieren. Sie lernen, was ein Häfner, Schiffbauer, Wagner oder auch Büttner produzierte. Natürlich erfahren die Besucher auch einiges über das Leben in längst vergangenen Zeiten und über das Dasein der unheimlichen **Spessarträuber** anhand originaler Waffen, Bildzeugnisse und Gaunerbücher.

Glasobjekte vom fünften Jahrhundert bis zum heutigen Tag gilt es weiterhin zu bestaunen. In insgesamt elf Räumen haben die Eltern und Kinder die Gelegenheit, die Entwicklung der Glasmacherei im Spessart kennenzulernen. Besondere Ausstellungsstücke sind die verschiedenen prächtigen Spiegel und eine im Maßstab 1:1 **nachgebaute Fabrikanlage.**

Sehr interessant für Kinder ist die Besichtigung einer originalen Küche, wie sie um 1950 für einfache Bewohner typisch war. An dieser Stelle wird die Not der im Spessart lebenden Bevölkerung besonders sichtbar. Im Gegenzug spiegeln andere Räumlichkeiten die Wohnkultur des Adels wider.

■ **Anfahrt:** Mit dem Auto: Über die A3 oder A7 und B26 nach Lohr
■ **Öffnungszeiten:** Di–Sa 10–16 Uhr, So, Fei 10–17 Uhr
■ **Preise:** Erwachsene: 2,50 Euro, Schüler und Kinder: 1,50 Euro
■ **Altersempfehlung:** Ab 5 Jahre
■ **Einkehr:** Restaurant Felsenkeller, Valentinusberg 1, 97816 Lohr am Main, Tel. +49 (0) 9352/80 76 46
■ **Info:** Spessartmuseum, Schlossplatz 1, 97816 Lohr a. Main, Tel. 09353/793 23 99, www.spessartmuseum.de

Der Laden im Eingangsbereich

Während einer Spezialführung zu verschiedenen Themen erhalten die Familien tiefergehende Informationen. Themen wie »Spessarträuber«, »Ritter, Schloss und Edelfrauen«, märchenhafte Führungen wie »Schneewittchen« oder auch »So lebten unsere Urgroßeltern«, »Handwerk, Holz und Eisenhämmer« stehen zur Wahl. Die einstündigen Führungen sollten vorab telefonisch unter 09353/793 23 99 angemeldet werden. Kosten in Höhe von 35 Euro, zuzüglich 1,50 Euro pro Person Museumseintritt sollten eingeplant werden.

Außerdem können regelmäßig Sonderausstellungen besucht werden. Für Kinder gibt es separate Events wie Märchen- oder Erzählstunden. Auch der Besuch des Spessartmuseums am Internationen Museumstag ist lohnenswert. Hier können die Entdecker an Führungen teilnehmen und spannenden Geschichten lauschen.

Im Museumsladen des Spessartmuseums entdecken die Familien das eine oder andere Souvenir für zu Hause.

27 Coburger Puppenmuseum

Beim Puppendoktor zur Sprechstunde

Die faszinierende Welt im Coburger Puppenmuseum lädt sowohl die Kleinen als auch die Großen zum Staunen ein. Auf zwei Stockwerken begeben sich die Familien auf eine Reise in vergangene Zeiten. Über 30 Räume sind mit mehr als 3000 Exponaten bestückt.

Womit die Großmutter oder auch der Ururgroßvater am liebsten gespielt haben, lässt sich im Coburger Puppenmuseum ausmachen. Mehrere Räume gilt es zu erkunden, wobei es keineswegs langweilig wird. Spielzeug, welches einst sehr heftig geknuddelt und eifrig von den wohlha-

■ **Anfahrt:** Mit dem Auto: Über die A73, Ausfahrt Coburg-Süd und B4 nach Coburg, dann Richtung Innenstadt. Mit den öffentlichen Verkehrsmitteln: Vom Hauptbahnhof Coburg mit dem Stadtbus zum Theaterplatz
■ **Öffnungszeiten:** Nov.–März jeweils Di–So 11–16 Uhr, Apr.–Okt. täglich 10–16 Uhr
■ **Preise:** Erwachsene: 4 Euro, Kinder (5–15 Jahre): 2 Euro, Familie: 8,50 Euro
■ **Altersempfehlung:** Ab 2 Jahre
■ **Einkehr:** Kroatia-Grill, Rückertstr. 2, 96450 Coburg
■ **Info:** Coburger Puppenmuseum, Rückertstr. 2–3, 96450 Coburg, Tel. 09561/89 14 80, www.coburg.de

Murmelspiele im Museum

benden Kindern bespielt wurde, kann eingehend betrachtet werden. Darunter befinden sich hübsche Puppenstuben- und küchen, die so manche Mädchenherzen höher schlagen lassen. Aber auch so mancher Junge steht verzückt vor den Eisenbahnen und den Schaukelpferden.

Besonders sehenswert sind die Puppen. Einige stammen sogar aus der Zeit um 1800. Aber auch die modernen Puppen wie **Schildkrötpuppen** oder Käthe-Kruse-Puppen, Lilli und Barbie werden entdeckt. Sogar die »Großmutter der Barbie« ist unter den rund 1000 Puppen vertreten. Begeistert sieht sich der Nachwuchs die Kaufläden an und bestaunt die Holzkopfpuppe.

Jeden zweiten Sonntag im Monat hält der **Puppendoktor** Thomas Packert seine Sprechstunde im Coburger Puppenmuseum ab. Puppen und Bären werden genauestens untersucht und Heilungschancen bzw. Kosten ermittelt. »Notfälle« können sich auch außerhalb der Sprechzeiten an das Puppenmuseum wenden. Eine gelungene Feier ist der Kindergeburtstag im Coburger Puppenmuseum. Kinder ab fünf Jahren spielen mit selbst gemachten Murmeln, bauen aus einem Schuhkarton eine Puppenstube oder gestalten aus einfachen Socken farbenfrohe Sockentiere. Gemeinsam basteln das Geburtstagskind und seine Gäste Steckenpferde oder filzen Bälle, Teddys und Puppen. Ein eigener Kuschelbär kann außerdem gebastelt werden oder Motto-Partys wie »Prinzessin« und »Pirat« können gebucht werden. Das Geburtstagsprogramm dauert ca. zwei Stunden. Je nach Programm entstehen Materialkosten zum Pauschalpreis von 25 Euro für bis zu zehn Kinder. Der Kindergeburtstag kann an jedem Wochentag stattfinden. Allerdings sollten die Familien den Kindergeburtstag ca. 14 Tage im Voraus unter der Telefonnummer 09561/89 14 08 anmelden.

Tipp

Spannend ist das Ferienprogramm im Puppenmuseum! In den Sommerferien stopfen die Kids Plüschtiere, filzen oder probieren die Seidenmaltechnik aus. Zwei Wochen vor Ferienbeginn wird das Programm auf der Internetseite veröffentlicht.

Ein weiteres spannendes Angebot sind die Führungen für die Kids. Während der Kinderführungen erfahren die Jungen und Mädchen interessante Geschichten zu den Exponaten. Die Kosten betragen ab 15 Kindern 1 Euro pro Person, bei weniger als 15 Kindern pauschal 15 Euro. Accessoires für die Puppenstube, Puppen von Schildkröt oder auch ein entzückender Puppenkalender können im Museumsshop des Puppenmuseums erworben werden. Der männliche oder weibliche Museumsteddy, die Minibären oder auch die Museumspüppchen sind gleichfalls bei den Kindern sehr beliebt.

28 Tucherland Nürnberg

Nach Herzenslust toben

Im Tucherland Nürnberg entdecken die Kinder eine riesige Spiellandschaft. Einen 3800 Quadratmeter großen Innen- und 25 000 Quadratmeter großzügigen Außenbereich gibt es zu erforschen. Der Spaß kommt hier nicht zu kurz!

■ Anfahrt: Mit dem Auto: Über die A3 nach Nürnberg, Richtung Flughafen. Mit den öffentlichen Verkehrsmitteln: Mit der U2 bis Haltestelle Ziegelstein, weiter mit dem Bus 22 bis Haltestelle Tucherhof
■ Öffnungszeiten: Mo–Fr an Schultagen 14–19 Uhr; Sa, So, Ferien, Fei 10–19 Uhr
■ Preise: Regulär (Wochenende, Ferien, Feiertage) für Kinder unter 2 Jahren: frei, Kinder ab 2 Jahren: 6,50 Euro, Kinder ab 1 m: 8,80 Euro, Kinder mit Behinderung: 5 Euro, Kinder Happy Hour ab 17 Uhr: 5 Euro, Erwachsene: 5,90 Euro, Erwachsene ab 65 Jahren: frei, Erwachsene Happy Hour ab 17 Uhr: 4 Euro.
■ Altersempfehlung: Ab 1 Jahr
■ Einkehr: In der SB-Gastronomie des Indoorspielplatzes
■ Info: Tucherland GmbH & Co. KG, Marienbergstr. 102, 90411 Nürnberg, Tel. 0911/ 239 99 99, www.tucherland.de

Ihren Bewegungsdrang können die Kinder im Indoorspielplatz Tucherland in Nürnberg ausleben. Der Spielplatz mit Innen- und Außengelände zieht schon die Allerkleinsten magisch an. Die Jungen und Mädchen zischen auf den zwölf Meter langen Rutschbahnen hinunter oder erkunden die großen Klettergerüste. Ausgiebig probieren sie die Tretautos aus und entdecken die Ballriesenkanone mit der Balldusche. In der Multisport-Arena powern sich die Jungen und Mädchen gehörig aus und testen im Anschluss die 14 Meter lange Speed-Röhrenrutsche auf Herz und Nieren. Ein wenig Mut ist an der **Kletterwand** erforderlich. Hier können sich die Kletterkünstler bei den vier Kletterrouten beweisen.

Die Minis unter den Familien haben auch gehörig Spaß. Gemeinsam mit anderen Kleinen erkunden sie den Kleinkindbereich mit Karussell und **Minieisenbahn.** Alternativ kann auch der fünf Meter hohe und 40 Meter lange Parcours im Hochseilgarten (Mindestgröße für den Hochseilgarten: 1,30 m) genutzt werden.

Im Außengelände des Indoorspielplatzes in Nürnberg erwartet die Kids ein **Verkehrsübungsplatz.** Einbahnstraßen, Stopp- oder Vor-

Auf dem Verkehrsübungsplatz im Tucherland

fahrtsschilder gilt es zu beachten. Die ab acht Jahre alten Fahrer der Elektrokarts haben sogar die Möglichkeit, einen Tucherland-Führerschein zu absolvieren. Ein Beachvolleyballfeld, den Flying Tatz oder auch die Minigolfanlage gilt es ebenfalls zu erobern. Ein Sandstrand lädt zum Entspannen ein, während sich die Kids den Wasserspielen hingeben. Außerdem ist der Streichelzoo sehr beliebt.

Im Tucherland können die Geburtstagskinder ihren Kindergeburtstag ausgiebig feiern. An den dekorierten und reservierten Geburtstagstischen lassen sie sich ihr Geburtstagsessen schmecken und genießen das Toben in der Spiellandschaft. Zur Auswahl stehen mehrere Geburtstagsprogramme, die rechtzeitig vor dem eigentlichen Termin gebucht werden sollten. Die Preise richten sich ganz nach Buchung und entsprechenden Zusatzangeboten.

Für den kleinen und großen Appetit ist im Tucherland bestens gesorgt. Beim Tatzenwirt erhalten Eltern und Kinder Hamburger mit Pommes, aber auch knackige Salate, frisches Obst und vegetarische Gerichte. Kuchen, Torten oder auch Eis können ebenfalls im Indoorspielplatz gekauft werden. Übrigens können Airhockeyschläger, Schließfächer, Gesellschaftsspiele, Tischtennis- und Minigolfschläger gegen Pfand im Indoorspielplatz ausgeliehen werden.

Tipp
Happy Hour ist täglich ab 17 Uhr. Erwachsene zahlen am Wochenende, in den Ferien und an Feiertagen 4 Euro und Kinder 5 Euro. An den Schultagen sparen die Familien nochmals. Der Eintritt kostet dann 4 Euro für Kinder und 3 Euro für Erwachsene.

29 Kletter-Seil-Erlebnispark Magnesia

Hoch hinaus

Über eine Kletterfläche von ca. 1300 Quadratmetern verfügt der Kletter-Seil-Erlebnispark Magnesia in Forchheim. Hier klettern sowohl Kinder als auch Erwachsene in der riesigen Halle. Ein Boulderraum steht ebenfalls zur Verfügung.

Eine Grundfläche von 374 Quadratmetern und eine Kletterfläche von ca. 1300 Quadratmetern zeichnen den Kletter-Seil-Erlebnispark Magnesia in Forchheim aus. Hier klettern Jungen und Mädchen sowie Erwachsene eifrig nebeneinander. Der Kletterpark verfügt über **elf Topropes**, einen Boulderraum, eine Übungswand sowie über einen Hochseilgarten. Regelmäßig wird das Routenangebot erneuert.

Zurzeit können allein **200 Routen** genutzt werden. Elf Meter geht es nun in die Höhe. Damit auch Kinder das Klettern genießen können, wurde auf enge Abstände der Griffe geachtet. Anfänger unter den Kindern und El-

---

■ **Anfahrt:** Mit dem Auto: Über die A73, Ausfahrt Forchheim und B470 nach Forchheim, dann weiter in Richtung Ebermannstadt

■ **Öffnungszeiten:** Wintersaison (Okt.–Apr.): Sa, So, Fei 10–22 Uhr, Mo, Fr 14–23 Uhr, Di, Mi, Do 10–23 Uhr. Sommersaison (Mai–Sept.): Sa, Fei 10–20 Uhr, So 10–20 Uhr. Bei schönem Wetter Sa, So, Fei nur bis 16 Uhr, Mo–Fr 14–22 Uhr

■ **Preise:** Zehnerkarte für Wochenende und Feiertage Erwachsene: 108 Euro, Kinder bis einschl. 14 Jahre: 69 Euro, Einzeleintritte für Wochenende und Feiertage Erwachsene: 12 Euro, Kinder bis einschl. 14 Jahre: 7,50 Euro, Einzeleintritte Mo–Fr Erwachsene: 10,50 Euro, Kinder bis einschl. 14 Jahre: 5,50 Euro

■ **Altersempfehlung:** Ab 8 Jahre

■ **Einkehr:** Im Bistro der Kletterhalle

■ **Info:** Magnesia-Team, Bayreutherstr. 108 (im Wiesentcenter), 91301 Forchheim, Tel. 09191/61 65 94, www.magnesia-klettern.de

---

Mit Mut zur Herausforderung

tern versuchen sich anfangs allerdings an der Übungswand. Hier probieren sich die Einsteiger aus und wagen sich bis zu einer Höhe von 6,50 Metern, in denen sich weiter fünf Topropes befinden.

Auf die Sicherheit der Kletterer wird sehr geachtet. So bietet der Kletter-Seil-Erlebnispark Magnesia jeden Donnerstag von 18.30 bis 20.30 Uhr betreutes Klettern an. Nach Voranmeldung erhalten die Kinder und Eltern eine Einführung in die Klettertechnik und Hinweise für die Sicherheit, bevor sie aktiv werden. Erfahrene Mitarbeiter der Kletterhalle sichern die Kletterein-steiger. Der Preis beträgt (inkl. Leihmaterial, Eintritt und Betreuer) für Erwachsene 25 Euro und für Kinder (bis einschl. 14 Jahre) 18 Euro.

Wer jetzt Lust bekommen hat, sich intensiver mit dem Klettern zu beschäftigen, für den ist ein weiterführender Kurs empfehlenswert. Der Partner der Kletterhalle »Erleben ist Lernen« veranstaltet regelmäßig Grundkurse für Kinder ab zehn Jahren, Grundkurse zum Toprope-Klettern

Weitere Kletterhallen:
- Climbing Factory, Fürther Str. 212, 90429 Nürnberg, Tel. 911/322 45 96, www.climbing-factory.de
- DAV-Kletteranlage Kronach, Am Teuschnitzer Berg 9, 96332 Pressig, Tel. 09268/76 77, www.alpenverein-kronach.de
- DAV-Kletterhalle Feucht, Schulstr. 28, 90537 Feucht, Tel. 0152/36 78 19 79 (während der Öffnungszeiten), www.dav-feucht.de
- Kletterhalle Erlangen, Hanne-Jung-Kletterhalle, Helene-Richter-Str. 1, 91052 Erlangen, Tel. 09131/20 86 67, www.alpenverein-erlangen.de
- Sportpark Untreusee, Am Lindenbühl 12, 95032 Hof, Tel. 09281/527 17, www.sportpark-untreusee.de

Zahlreiche Klettermöglichkeiten

oder Technikkurse. Fortgeschrittene Kletterer legen auch die DAV-Kletterscheine ab. Informationen zu den Kursen erhalten die Familien bei »Erleben ist Lernen«, Christiane Werchau, Trettlachstraße 1, 91301 Forchheim, Tel. 09191/625 68 32 oder info@erleben-ist-lernen.de.

Eine rechtzeitige Anmeldung für einen Kindergeburtstag ist ebenfalls an »Erleben ist lernen« (Tel. 09191/625 68 32) zu richten. Geburtstagskinder und Gäste werden zwei Stunden von ein bis zwei Trainern betreut. Die ab acht Jahre alten Kinder erhalten eine Leihausrüstung und werden von den Mitarbeitern gesichert. Für bis zu fünf Kinder und einen Trainer entstehen Kosten in Höhe von 100 Euro. Für bis zu neun Kinder und zwei Trainer sollten 150 Euro eingeplant werden. Alternativ zum Klettern in der Kletterhalle kann auch der **Hochseilgarten** erforscht werden.

Kindertheater   30

Zauberhaftes und Modernes

Die Theaterlandschaft in Franken ist äußerst vielseitig. Für Kinder jeden Alters findet sich etwas Passendes. Außerdem bieten viele Theater dem Nachwuchs an, sich selber einmal auf der Bühne auszuprobieren.

Theater in der Studiobühne Bayreuth

Dramen, Märchen und Kinderstücke werden in diesem Theater gespielt. Während die Kinder das musikalische Märchen »Die kluge Bauerntochter« verfolgen, amüsieren sich die Erwachsenen bei »Tumult im Narrenhaus«. Über 25 Jahre begeistert die Studiobühne die kleinen und großen Zuschauer. Kinder im Alter von 9 bis 14 Jahren haben Gelegenheit, zu speziellen Terminen in der Theaterwerkstatt Tanz, Improvisation und Erzähltechniken zu üben. **Info:** Studiobühne Bayreuth e.V., Röntgenstr. 2, 95447 Bayreuth, Tel. 0921/76 43 60, studiobuehne@tmt.de

Landestheater Coburg

Die Geschichte des Theaters reicht bis zum Herzoglichen Hoftheater im Jahre 1827 zurück. Das Dreispartentheater bietet heute zahlreichen Zuschauern genügend Platz. Schauspiel, Musiktheater, Konzert, Ballett und Jugendtheater sind zu erleben. 280 eigene Aufführungen in 15 Inszenierungen können im Großen Haus und im Theater in der Reithalle verzeichnet werden. **Info:** Landestheater Coburg, Hinterm Marstall, Schlossplatz 6, 96450 Coburg, Tel. 09561/89 89 00, www.landestheater-coburg.de (Kindertheater findet vorwiegend in der »Reithalle« – Hinterm Marstall – statt: www.landestheater-coburg.de/das-haus/spielstaetten.php)

Theater Mummpitz in Nürnberg

Das, was die Kinder im Alltag bewegt, setzt das Theater in seinen Stücken um. Kinder ab vier Jahren und älter können sich über immer neue Premieren pro Spielzeit freuen. Stücke wie »Kleiner Zauber, großer Zauber« für Kinder ab vier Jahren, das Chorprojekt »Hänschen Klein« für Kids ab

Wenn der Kasperl ruft

sechs Jahren und »Der Golem« für Jungen und Mädchen ab zehn stehen beispielsweise auf dem Programm. Der Spielplan ist online einsehbar. Außerdem gibt es einen Aushang im Kachelbau. Neben Kartenermäßigungen für Inhaber des Nürnbergpasses macht das Theater auch bei der Initiative »Theater auf Rezept« mit. Somit ist es lohnenswert, bei den Kinderärzten während der U10, U11 und J1 nach einem Theaterrezept zu fragen. Zudem erhalten Kindergeburtstagsgruppen eine Ermäßigung von 20 Prozent. **Info:** Theater Mummpitz, Michael-Ende-Str. 17, 90439 Nürnberg, Tel. 0911/60 00 50, www.theater-mummpitz.de

Theater Salz+Pfeffer in Nürnberg

Stücke wie »Die kleinen Leute von Swabedoo – es gibt nichts Gutes, außer man tut es« oder auch »Das tapfere Schneiderlein« stehen auf dem Programm des Figurentheaters. Die Stücke sind zum Teil schon für die Kleinsten geeignet. Abends können sich die Erwachsenen über ein buntes Programm freuen. Für Karten sollten folgende Kosten eingeplant werden: nachmittags im VVK 6,50 Euro pro Person, an der Tageskasse 7 Euro pro Person, abends: im VVK 13 Euro/ermäßigt 9 Euro, an der Abendkasse 15 Euro/ermäßigt 11 Euro. **Info:** Theater Salz+Pfeffer in Nürnberg, Frauentorgraben 73, 90443 Nürnberg, Tel. 0911/22 43 88, www.theater-salz-und-pfeffer.de

Kaspertheater im Kasperhaus in Würzburg

Die Vorstellungen im Kasperhaus locken regelmäßig die Familien von Oktober bis Mai an. Auch ganz kleine Leute ab zwei Jahren verfolgen gebannt das Geschehen. Sowohl moderne Stücke als auch die klassischen Märchen gehören zum Repertoire. Mit Kuchen und Saft stimmen sie sich in der Kasperstube auf das Nachfolgende ein. Die Theaterkasse im Foyer hat eine Stunde vor Spielbeginn geöffnet. Trotzdem ist eine Kartenreservierung unter der Telefonnummer 0931/359 34 94 empfehlenswert. **Info:** Das Kasperhaus, Julius-Echter-Str. 8 , 97084 Würzburg, Tel. 0931/359 34 94, www.theater-kasperhaus.de

Theater Spielberg in Würzburg

Sowohl Vorstellungen für Erwachsene als auch für Kinder ab vier Jahren präsentiert das Theater in der Reiserstraße. Seit 1978 besteht das Theater im Hinterhofhaus. Über 200 Puppen werden von den vier Spielern regelmäßig zum Leben erweckt. Dabei stehen ganzjährig Stücke wie »Zwerg Nase«, »Laterne und Sterne« oder »Schnippelchen« auf dem Programm. Ein besonderes Highlight ist das Jahrmarkt-Puppentheater. Vor und hinter einer Guckkastenbühne wird ein ausgewähltes Stück gespielt. Dazu ertönen die Klänge einer Drehorgel. Zudem erfahren die Kinder Spannendes über die Puppen. Im Kindercafé können die Familien nach den Vorstellungen Kaffee, Saft und Kuchen genießen. Außerdem steht den kleinen Rackern ein Spielplatz zum Toben zur Verfügung. Karten können unter der Telefonnummer 0931/266 45 reserviert werden. **Info:** Theater Spielberg, Reiserstr. 7, 97080 Würzburg, Tel. 0931/266 45, theater-spielberg@t-online.de, www.theater-spielberg.de

31 Schule der Phantasie in Fürth

Der Kreativität ihren Lauf lassen

Die Schule der Phantasie in Fürth ist eine Kinder- und Jugendkunstschule, in der die Jungen und Mädchen ihrer Kreativität freien Lauf lassen. Die Schule wurde im Jahr 2010 gegründet und ist mittlerweile eine Anlaufstelle auch für Vorschulkinder. Außerdem können sich die Kinder über spannende Kindergeburtstage freuen!

Unter dem Leitgedanken »Wenn man sich mit Kreativität und Phantasie beschäftigt, dann merkt man: Die Kinder haben das alles noch, was uns abgewöhnt wurde (...) Wenn man das aber ändern will, dann kann man es nur über die Kinder ändern, über die nächste Generation. Wir Erwachsenen sind wahrscheinlich zu festgefahren, um unsere Denkschemata verlassen zu können.« – ausgesprochen von Prof. Rudolf Seitz, Gründer der Schule der Phantasie – besteht die Schule schon über fünf Jahre. Viele Kinder erleben und erlebten schöne Stunden, in denen sie ihre ganze Phantasie einsetz(t)en. Heutzutage ist das Angebot der Kinder- und Jugendkunstschule vielfältig. Immer samstags von 11 bis 13 Uhr (außer in den Schulferien) hat die Samstagswerkstatt für die Mädchen und Jungen geöffnet. Inhalt ist es, die Phantasie, den Erfindergeist und das freie Malen und Zeichnen zu fördern. Bei diesem Angebot ist keine Anmeldung erforderlich. Die Kosten betragen 6 Euro.

Für die Grundschüler ist der Art Club ein großer Anziehungspunkt. In der **Kunst- und Erfinderwerkstatt** werden eingehend die künstlerischen und handwerklichen Fertigkeiten geschult. Der Art Club findet jeden Donnerstag außer in den Ferien statt. Wer das ganze Jahr teilnehmen möchte, sollte 175 Euro einplanen.

■ **Anfahrt:** Mit dem Auto: Über die A73 und B8 nach Fürth, Richtung Rathaus
■ **Öffnungszeiten:** Jan.–Dez.
■ **Preise:** Je nach Angebot
■ **Altersempfehlung:** Ab 4 Jahre
■ **Einkehr:** Das total verrückte Kartoffelhaus, Sonnenstr. 13, 90763 Fürth, www.kartoffelhaus-fuerth.de
■ **Info:** Schule der Phantasie, Haus Phantasia, Wasserstr. 5, 90762 Fürth, Tel. 01578/ 700 60 42, www.schulederphantasie-fuerth.de

Kreative Produkte

In der Außenstelle der Jugendkunstschule in dem Günsdorfer Weg 1 in Obermichelbach findet der klassische Zeichen- und Malunterricht statt. Hier versuchen sich die Mädchen und Jungen in Acryl-, Pastell-, Öl- und Aquarelltechniken. Für weitere Informationen kann die Telefonnummer 0911/759 30 30 genutzt werden.

Für Kinder ab zehn Jahre findet der Zeichenkurs Comic & Co. in der Wasserstraße statt. Die Kids erlernen hier zunächst das Zeichnen einfacher Figuren. Daraus entsteht dann ein fertiger Comic. Der zweisprachige Kurs (Deutsch und Englisch) findet jeweils am Montag statt. Bei Interesse kann auch ein Schnuppertermin (5 Euro) vereinbart werden.

Sehr beliebt sind die Kindergeburtstage in der Schule der Phantasie. Ob als Star im Fotostudio, in der Mosaik-Werkstatt oder auch bei der Mottoparty »Holz, Gips, Hammer und Nagel« – der Spaß ist garantiert. Ein Kindergeburtstag dauert in der Regel drei Stunden. Die genauen Inhalte können auf der Internetseite nachgesehen oder unter der Telefonnummer 0911/368 73 39 erfragt werden.

Weitere Kinder- und Jugendkunstschulen

- Speckdrumm Kulturverein, Kunsthaus Reitbahn 3, 91522 Ansbach, Tel. 09825/92 61 32 www.speckdrumm.de
- Tube, die Kunstschule in Nürnberg, Berit Klasing, Willstr. 14, 90429 Nürnberg, Tel. 0911/932 46 76, www.kunstschule-tube.de
- Die junge Kunstschule, ak-kunst, Kanalstr. 3, 95213 Münchberg, Tel. 09251/52 88, www.ak-kunst.de

32 Museum 3. Dimension

Die dritte Dimension begrüßen

Das Museum in Dinkelsbühl befindet sich an der »Romantischen Straße« in Mittelfranken. Die Holografien und Bilder im Museum 3. Dimension versetzen die Kinder ins Staunen. Das spielerische Erleben steht bei dem Besuch im Vordergrund.

■ **Anfahrt:** Mit dem Auto: Über die A6 und B25 oder A7, Ausfahrt Dinkelsbühl, Richtung Parkplatz

■ **Öffnungszeiten:** Jan., Feb., März jeweils Sa, So 11–17 Uhr; Apr., Mai, Juni jeweils Mo–So 11–17 Uhr; Juli, Aug. Mo–So 10–18 Uhr; Sept., Okt. jeweils Mo–So 11–17 Uhr; Nov., Dez. jeweils Sa, So 11–17 Uhr, 26. Dez.–6. Jan. jeweils Mo–So 11–17 Uhr

■ **Preise:** Inkl. 3D-Anaglyphenbrille, Erwachsene: 10 Euro, Kinder (bis 12 Jahre): 6 Euro, Familie (Eltern + eigene Kinder): 28 Euro, Führung: 68 Euro

■ **Altersempfehlung:** Ab 6 Jahre

■ **Einkehr:** Ristorante Amalfi, Segringer Str. 54, 91550 Dinkelsbühl, Tel. 09851/535 35

■ **Info:** Museum 3. Dimension, Nördlinger Tor, 91550 Dinkelsbühl, Tel. 09851/ 63 36, www.3d-museum.de

Das Museum 3. Dimension in Dinkelsbühl ermöglicht den Eltern und Kindern einen Einblick in das Gebiet der optischen Täuschungen und Dreidimensionalität. Untergebracht wurde das Museum in historischen Gebäuden, im Nördlinger Tor und der Stadtmühle.

Mehrere Etagen laden zu Erkundungen ein. Nach ihrem Besuch haben die Eltern und Kinder eine Reihe von Informationen über Stereoskopie, Anaglyphen, Magic Eye, Anamorphosen und Lamellenbilder, PHSColography, Viewmaster, Prismenraster, Stereokunst oder Stereokameras erhalten. Auch was eine hohle Maske ist, können sie beantworten.

Das seit 1987 bestehende Museum zeigt neben den Techniken zur Tiefenerzeugung auch ausgewählte stereoskopische Exponate. Diese gehörten einst dem Frankfurter Designer Gerhard Stief.

Der Humor kommt im Museum nicht zu kurz. Im Erdgeschoss bestaunen die Familien die kleinen **3D-Welten**, die ein Lächeln in die Gesichter zaubern. Mithilfe einer 3D-Brille, die an der Kasse erhältlich ist, tauchen die Eltern und Kinder in fantastische 3D-Welten ein. Hier werden die

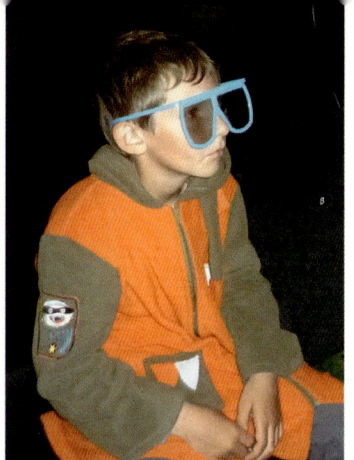

Mit der 3D-Brille in andere Welten eintauchen

ganz einfachen Bilder zum plastischen Erlebnis. Beispielsweise können die Besucher den verhüllten Reichstag fast berühren, ebenso wie weitere Motive aus der Natur, Kunst oder Technik.

Moderne 3D-Technik entdecken die Eltern und Kinder in der oberen Etage. An den Wänden befinden sich einzigartige **Hologramme**, die zu eingehenden Betrachtungen einladen. Den Besuchern kommt es fast so vor, als würden die Gegenstände, welche die Hologramme zeigen, in den Raum hineinragen. Besonders spannend finden es Kinder, wenn sie denken, die Blicke der Personen oder Figuren auf den Hologrammen würden sie verfolgen.

Inmitten eines weiteren Raumes befinden sich scheinbar normale Glasscheiben. Was das Geheimnis der Scheiben ist, lässt sich herausfinden, wenn man seinen Blickwinkel verändert.

Im Museum der 3. Dimension finden regelmäßig Sonderausstellungen statt. Außerdem können die Besucher an Führungen teilnehmen, um sich tiefgründige Kenntnisse über die Techniken der Sinnestäuschungen zu verschaffen.

Ebenso ist der 100-seitige Museumsführer mit 100 Bildern empfehlenswert. Dieser kann für 5 Euro im Museum erworben werden.

Tipp

In etwa 900 m Entfernung befindet sich der Indoorspielplatz Megaplay in Dinkelsbühl. Hier können sich die Kids noch einmal austoben, bevor es nach Hause geht. **Info:** Megaplay Kinderspielparadies GmbH, Ellwanger Str. 21, 91550 Dinkelsbühl, Tel. 09851/ 55 47 40, www.dinkelsbuehl.de

33 Brüder Grimm-Haus Steinau

Das Leben zweier berühmter Dichter erforschen

In Steinau a. d. Straße ist das Brüder Grimm-Haus über die Stadtgrenzen hinaus bekannt. Das Museum gehört zu den wichtigsten Stätten, die sich mit dem Wirken der Brüder Jacob und Wilhelm Grimm beschäftigen.

■ **Anfahrt:** Mit dem Auto: Über die A66 nach Steinau Richtung Schloss. Zu Fuß: Vom Bahnhof Steinau ca. 20 Min. zu Fuß

■ **Öffnungszeiten:** Täglich geöffnet von 10–17 Uhr

■ **Preise:** Erwachsene: 5 Euro, Erwachsene in Gruppen ab 15 Personen: 3 Euro, Kinder und Ermäßigungsberechtigte: 3 Euro, Kinder in Gruppen ab 15 Personen: 2 Euro, Familien (ab 4 Personen): 10 Euro

■ **Altersempfehlung:** Ab 4 Jahre

■ **Einkehr:** Rosengarten, Brüder-Grimm-Str. 84, 36396 Steinau an der Straße, Tel. 06663/73 09

■ **Info:** Brüder Grimm-Haus und Museum Steinau, Brüder Grimm-Str. 80, 36396 Steinau an der Straße, Tel. 06663/ 76 05, www.brueder-grimm-haus.de

Das Museum befindet sich im ehemaligen Amtshaus, das bereits im Jahr 1562 erbaut wurde. 1998 wurde das Museum dort eröffnet, das sich mit dem Leben, dem Werk, der Wirkung und vor allem der Kindheit und Jugend der Brüder Grimm beschäftigt. Einst kamen Jacob und Wilhelm Grimm mit ihren Geschwistern und Eltern im Jahr 1791 nach Steinau. Der Vater der Brüder war Amtmann in der Stadt und bezog mit den anderen Familienmitgliedern das Amtshaus. In diesem Haus, in dem damals die Familie lebte, können die Besucher drei Museumsbereiche besichtigen. Im Bereich »Leben« gibt es die historische Küche des Amtshauses zu sehen. Sie erfahren alles über die Position des Amtmannes und darüber, welche Grimm'schen Familienmitglieder in der Stadt noch wirkten.

Im Bereich »Wirken« erhalten sie einen Eindruck von der Arbeit der Brüder Grimm. Aber auch der jüngste Bruder – Ludwig Emil Grimm – zeichnete sich durch Rechtschaffenheit aus. Der studierte Graphiker schuf Portraits und Landschaften im genuin romantischen Sinne, die in der Ausstellung zu sehen sind.

Der Bereich »**Märchen**« ist besonders eindrucksvoll für die Eltern und Kinder. Die »Kinder-

Die Küche im Brüder-Grimm-Haus

und Hausmärchen« wurden in 160 Sprachen und Dialekte übersetzt und sind auf aller Welt berühmt. Ein Sofa lädt zum Lesen und Stöbern ein. In den weiteren Räumen bestaunen die Familien Bücher und sehen sich Filme an. Die Besucher ertasten in Fühlboxen die Märchen und sehen sich Zinnfiguren-Dioramen an. Das Märchen »Der Mond« ist anhand bewegter Bilder zu erleben und es gilt, Rotkäppchen auf nahezu 300 Exponaten wie Kindergeschirr oder als Porzellanfigur zu entdecken.

Im Museum können die Eltern und Kinder Museumsführer für je 6,80 Euro erwerben. Der eine beschäftigt sich mit dem Leben und Wirken der Brüder Grimm und der andere mit der Märchenwelt.

Im **Gerichtssaal**, wo einst Philipp Wilhelm Grimm sein Amt ausgeübt hat, gibt es Szenarien des Märchens auf Bilderbogen oder die Grafik von Moritz von Schwind zu bewundern. Außerdem werden Märchenerzählungen im Rahmen einer Führung vorgetragen.

Der Kronenraum ist am Ende des Rundganges zu finden. Ein Computerspiel ist in der Krone zu entdecken. Außerdem können die Kids Märchen, in denen Kronen eine Rolle spielen, lauschen.

Neben der Dauerausstellung finden im Brüder Grimm-Haus in Steinau regelmäßig Sonderausstellungen statt.

Tipp

Günstiger ist der Eintritt bei einem Besuch des Brüder Grimm-Hauses und des Museums Steinau. In ihm können die Familien die Entwicklung der Stadt erforschen. Hier zahlen Erwachsene 6 Euro, Kinder (Ermäßigungsberechtigte) 5 Euro, Familien (ab 4 Personen) 12 Euro.

34 Kaiserburg Nürnberg

Wie die alten Rittersleut

Die Kaiserburg als Wahrzeichen Nürnbergs gehört zur Historischen Meile der Stadt. Nach ihrer Zerstörung im Weltkrieg wurde die Anlage wieder aufgebaut. Die schönste Möglichkeit, die Burg näher kennenzulernen, ist eine Führung.

Vor langer Zeit, zwischen 1050 und 1571, hielten sich alle Kaiser und Könige des Heiligen Römischen Reiches auf der **Kaiserburg** auf. Nachdem die Anlage im Zweiten Weltkrieg erheblichen Schaden davongetragen hatte, wurde sie später nach historischen Vorgaben erneut aufgebaut. Heute finden wieder Feste und Staatsempfänge auf der Burg statt, von der man einen wunderschönen Blick auf die Stadt hat.

Die Teilnahme an einer Kinderführung bietet die beste Gelegenheit, die Kaiserburg näher kennenzulernen. An mehreren Terminen im Jahr können die Kids Interessantes über das Leben an Hof und Kaiser Karl V. er-

■ **Anfahrt:** Mit dem Auto: Über die A3 oder A73 und B2 nach Nürnberg. Dann weiter in Richtung Innenstadt. Mit den öffentlichen Verkehrsmitteln: Straßenbahn Linie 4 bis »Tiergärtnertorplatz«, Bus Nr. 36 bis »Burgstraße« und per U-Bahn bis »Lorenzkirche«

■ **Öffnungszeiten:** Apr.–Sept. 9–18 Uhr, Okt.–März 10–16 Uhr. Der Palas und der Tiefe Brunnen können nur im Rahmen einer Führung besichtigt werden. Die Kaiserburg ist an folgenden Tagen geschlossen: 1. Januar, Faschingsdienstag, 24., 25. und 31. Dezember

■ **Preise:** Gesamtkarte: Palas mit Doppelkapelle/Tiefer Brunnen/Sinwellturm/Kaiserburgmuseum: 7 Euro regulär/6 Euro ermäßigt, Palas mit Doppelkapelle/Kaiserburgmuseum: 5,50 Euro regulär/4,50 Euro ermäßigt, Tiefer Brunnen/Sinwellturm: 3,50 Euro regulär/2,50 Euro ermäßigt

■ **Altersempfehlung:** Ab 3 Jahre

■ **Einkehr:** Gasthaus Schwarzer Adler, Kraftshofer Hauptstr. 166, 90427 Nürnberg, Tel. 0911/30 58 58

■ **Info:** Burgverwaltung Nürnberg, Auf der Burg 13, 90403 Nürnberg, Tel. 0911/244 65 90, www.kaiserburg-nuernberg.de

fahren. Die Kinder werden zu verschiedenen Bürgern der Stadt und lernen in diesen Rollen die Burgräume kennen. Die Aufführung eines Tanzes, wie er zu diesen Zeiten üblich war, sowie der Besuch des Tiefen Brunnens sind weitere Inhalte.

Ein weiteres Thema ist »Achtung! Späher und Spione auf der Burg!«. Kinder im Alter von sechs bis zehn Jahren sowie mindestens ein Elternteil erkunden die Befestigungsanlage. Sie lernen, wie die Burg verteidigt wurde, erforschen die Kasematten und auch die unterirdischen Gänge. Nachdem sie sich Aufzeichnungen gemacht haben, erstellen sie schließlich einen Plan, wie die Burg am besten erobert werden kann.

Die Führungen für Kinder auf der Kaiserburg sind sehr beliebt. Aufgrund der Teilnehmerbeschränkung ist eine rechtzeitige Anmeldung unter der Telefonnummer 0911/24 46 59 empfehlenswert. Das Programm »Achtung! Späher und Spione auf der Burg!« kann für Kindergeburtstage für Kids ab sechs Jahren gebucht werden. Natürlich kann die Kaiserburg auch außerhalb einer Führung erkundet werden. Die Eltern durchstreifen den Palas mit Gemächern und Kaiserkapelle, die Kemenate mit Kaiserburg-

Kinderführung auf der Kaiserburg

Tipp

Wer gern Burgen und Schlösser besucht, für den sind die Jahreskarten der Bayerischen Schlösserverwaltung interessant. Über 40 Sehenswürdigkeiten können damit besucht werden. Die Jahreskarten und Mehrtagestickets sind an allen Schlosskassen (ausgenommen Königshaus am Schachen) sowie im Infopoint Museen & Schlösser in Bayern (Alter Hof 1, München) erhältlich und nicht übertragbar. Für Familien (2 Erwachsene und deren Kinder unter 18 Jahren) kostet die Jahreskarte 65 Euro.

museum, besichtigen den **Tiefen Brunnen** und den Sinwellturm sowie den Burggarten. Im geführten Rundgang erkunden sie den Rittersaal und die Oberkapelle der Kaiserkapelle. Weiterhin begutachten die Familien historische Schutz- und Angriffswaffen, wie Körperpanzerung, Feuer- und Stangenwaffen und Schilde. Eindrucksvoll präsentiert sich der »Tiefe Brunnen« mit seinen 50 Metern Tiefe.

Taschen und Textilien, Schmuck nach historischen Vorbildern, Seidentücher, CDs oder das Sortiment »MiniKini« können die Eltern und Kinder im Museumsshop erwerben.

Kleine Hoheiten

Bowling Aschaffenburg 35

Kegeln auf Amerikanisch

Bowlingspielen macht großen und kleinen Leuten gleich viel Spaß. Was für ein Vergnügen ist es, wenn die große Kugel so viele Pins wie möglich umwirft. Die Begeisterung ist jedes Mal wieder spürbar.

Bowling ist nicht nur ein Vergnügen für Erwachsene. Auch Kinder freuen sich über jeden Treffer. Fun Fabric Bowl in Aschaffenburg bietet eine Vielzahl von interessanten Angeboten.

An lockere Kleidung zum Bowlingspielen sollte beim Besuch der Freizeitstätte gedacht werden. Die richtigen Bowlingschuhe können vor Ort gegen eine Gebühr von 2 Euro ausgeliehen werden. Mit ein bisschen Anlauf bis zur schwarzen Linie wird die Bowlingkugel in Richtung Pins gerollt. Je mehr Pins fallen, umso besser. Alle umgefallenen Pins werden gewertet. Fun Fabric Bowl ist speziell auf Kinder ausgerichtet. Mit dem **Bumper-Bowling-System** haben die Jungen und Mädchen einen Megaspaß. Die seitlichen Rinnen auf der Bowlingbahn sind erhöht und somit ist jeder Wurf auch ein Treffer. Am Counter gibt es außerdem Bowlingkugeln speziell für Kinder.

Beim Schnupperbowling lernen sowohl Kinder als auch Jugendliche die Sportart näher kennen. Unter fachgerechter Anleitung findet das Schnupperbowling immer montags von 16.30 Uhr bis 18.30 Uhr statt. Die Mädchen und Jungen können bis zu fünf Mal an dem kostenlosen Schnupperbowling teilnehmen. Wer großen Gefallen an dem Sport findet, hat die Möglichkeit, im Vereinsbowling für Kinder und Jugendliche mitzumachen. Das Bowling und die dazugehörigen Bowlingschuhe sind beim Schnupperbowling frei.

■ **Anfahrt:** Mit dem Auto: Über die A3, B8 und B26 Richtung Stadtmitte. Zu Fuß: Vom Hauptbahnhof sind es etwa 500 m zu Fuß

■ **Öffnungszeiten:** Täglich ab 10 Uhr

■ **Preise:** Je nach saisonalen und täglichen Angeboten

■ **Altersempfehlung:** Ab 4 Jahre

■ **Einkehr:** Im Bowlingcenter

■ **Info:** Fun Fabrik Bowl – Aschaffenburg, Bowling 2000 GmbH, Luitpoldstr. 9, 63739 Aschaffenburg, Tel. 06021/ 582 28 00, www.funfabrik-bowl.de

Bowlingspaß auf der Bowlingbahn

Zwei Stunden Bowlingspaß erwartet die Kids zum **Kinder Moonlight Bowling**. An verschiedenen Terminen im Jahr treten die Kids gegen Gleichgesinnte beim Bowlen an. Musik, Spaß und Gewinne begeistern weiterhin den Nachwuchs. Die Kinder spielen in Leihschuhen und erhalten ein kleines Getränk. Für dieses Angebot sollten 6,50 Euro pro Kind eingeplant werden.

Zusätzlich können Geburtstagskinder ihre Party im Bowlingcenter veranstalten oder Familien können sich im Bowling üben. Jeden Samstag gibt es für Familien mit Kindern bis 14 Jahren ein schönes Angebot. 10 Euro kostet eine Bahn pro Stunde für maximal sieben Personen in der Zeit von 10 bis 14 Uhr. Die Leihschuhe sind im Preis enthalten.

Fun Fabric Bowl bietet weiterhin Billard an. Vier Pool-Billard-Tische stehen zur Verfügung, an denen die Eltern und die Kinder ihre Spielkunst mit Queue und Billardkugeln unter Beweis stellen. Bis 18 Uhr kostet das Vergnügen 5 Euro und nach 18 Uhr 7 Euro.

Schloss Steinau 36

Burganlage mit Spielplatz

Einen Ausflug in die Vergangenheit unternehmen die Familien während eines Besuches im Schloss Steinau. Die Geschichte des Schlosses lässt sich bis zum Jahr 1278 zurückverfolgen. Das Schloss war im Besitz des Grafen von Hanau und wurde als Gast- bzw. Jagdschloss genutzt.

Mitten im Stadtzentrum von Hanau befindet sich das Schloss. Erbaut wurde es vom Steinauer Steinmetzmeister Asmus in den Jahren 1528 bis 1560. Einst empfing der Graf von Hanau hier seine Gäste. Später im 16. und 17. Jahrhundert wurde das Schloss ausgebaut. Zu sehen sind die **Gebrüder Grimm Gedenkstätte**, eine Marionetten- und Theatersammlung und zwei eingerichtete Wohnräume des Schlosses.

Während einer Führung, die nur am Wochenende und an Feiertagen (vier Mal täglich) stattfindet, können zudem weitere Räume des Schlosses besichtigt werden. Das Schloss verfügt über einen fünfeckigen Zwinger und vier Eckbastionen. Im Inneren gibt es zwar kein Mobiliar zu besichtigen, allerdings sind die Wandfassungen sehenswert. Außerhalb des Schlosses befindet sich ein Kinderspielplatz im Burggraben. Der Burggraben – auch Hirschgraben genannt – ist etwa vier bis fünf Meter tief und 18 bis 25 Meter breit. Der Spielplatz ist zwar kleiner, aber dennoch bietet er genügend Spielmöglichkeiten.

Im Rahmen einer Führung durch das Verkehrsbüro können neben dem Renaissanceschloss auch der Stadtkern, das historische Gebäude rund um den Marktplatz »Am Kumpen«, das

■ **Anfahrt:** Mit dem Auto: Über die A66 nach Steinau in Richtung Schloss. Zu Fuß: Vom Bahnhof Steinau ca. 25 Min. Fußweg
■ **Öffnungszeiten:** März–Okt. 10–17 Uhr, Nov.–Dez. 10–16 Uhr
■ **Preise:** Erwachsene ohne Führung: 2,50 Euro, ermäßigt: 1,50 Euro, Familien: 6 Euro, Turmbesteigung: Erwachsene: 1 Euro, Kinder: 50 Cent
■ **Altersempfehlung:** Ab 3 Jahre
■ **Einkehr:** Rimbachfarm, Rimbachfarm 1, 36396 Steinau an der Straße, Marborn Tel. 06663/234
■ **Info:** Schlossverwaltung, Tel. 06663/68 43, www.schlo-esser.hessen.de

Schloss Steinau

Brüder Grimm-Haus, die Kirchen und die schönen Fachwerkhäuser Steinaus angeschaut werden. Die 90-minütige Führung in den Sprachen Deutsch, Englisch oder auch Französisch kostet etwa 40 Euro. Gebucht wird beim Verkehrsbüro unter der Telefonnummer 06663/963 10.

Beim Nachwuchs ist auch die Kinderstadtführung sehr beliebt. Die Kinder erforschen zusammen mit dem Gästeführer die mittelalterliche Anlage mit Stadtmauer und Schloss. Spielerisch werden die Kids mit einbezogen und dürfen Märchen erraten oder auch Kreuzworträtsel ausfüllen – je nach Alter. Die Führung dauert ca. 60 Minuten. Maximal können 25 Kinder daran teilnehmen.

Ebenfalls ein echter Hit sind die offenen **Märchen-Stadtführungen**, bei denen die Jungen und Mädchen zusammen mit ihren Eltern das Brüder Grimm-Haus besuchen. Der Gästeführer hat sich zu diesem Anlass als eine bekannte Märchenfigur verkleidet und liest während der Führung einzelne Episoden aus verschiedenen Märchen vor. Diese Führung findet von April bis Oktober am ersten Sonntag im Monat statt. Treffpunkt ist um 14 Uhr am Märchenbrunnen auf dem Marktplatz »Am Kumpen«. Die Führung dauert etwa zwei Stunden und kostet für Erwachsene 6 Euro und für Kinder 3 Euro.

Kriminalmuseum Rothenburg 37

Spannendes und Schauriges

Das Kriminalmuseum Rothenburg ist eines der bedeutendsten Rechtskundemuseen in Deutschland. Rechtsgeschehen, Gesetze und Strafen der vergangenen 1000 Jahre werden in den Räumen vorgestellt. Unter den Exponaten befinden sich auch Folterinstrumente, wie sie einst zum Einsatz kamen.

Nicht alltägliche Informationen erhalten die Familien im Kriminalmuseum in Rothenburg. Das bedeutende Museum klärt die Besucher auf, wie einst Recht gesprochen wurde. Der Leitspruch »Du solt nit falsche zeügknüß geben als lieb dir sey das ewig leben« lässt ahnen, was die Besucher erwartet.

Die Kinder und Eltern erfahren während eines Besuches, wie im Mittelalter Prozesse abgehalten wurden, welche Strafen es gab oder was es mit den **Schandmasken** auf sich hat. Neben zahlreichen Urkunden können die Familien Kupferstiche und Holzschnitte begutachten. Kleider-, Hochzeit- oder Tauordnungen geben kund, welchen Einfluss die Polizei damals hatte. Natürlich gibt es auch Münzen oder Medaillen zu sehen oder Karikaturen über die Justiz.

Die Kinder erfahren, wann es zur Reform der Folter kam, was es mit den Siegeln auf sich hat oder auch wie ein »Kerbholz« funktioniert. Was die »Kette für Falschspieler« oder eine Doppelhalsgeige war, lernen sie ebenfalls im Kriminalmuseum. Außerdem werden sie darüber informiert, dass selbst ein Scharfrichter Angst hatte und wer eine Narrenkappe trug. Wer als Pranger-

■ **Anfahrt:** Mit dem Auto: Über die A7 nach Rothenburg, Richtung Innenstadt/ Marktplatz. Zu Fuß: Vom Bahnhof ca. 500 m

■ **Öffnungszeiten:** Jan., Feb. tägl. 14–16 Uhr, März tägl. 13–16 Uhr, April tägl. 11–17 Uhr, Mai–Okt. tägl. 10–18 Uhr, Nov. tägl. 14–16 Uhr, Dez. tägl. 13–16 Uhr

■ **Preise:** Erwachsene: 5 Euro, Rentner: 4 Euro, Studenten: 3,50 Euro, Schüler, Kinder: 3 Euro, Kinder unter 6 Jahren: frei, Familienkarte: 11 Euro

■ **Altersempfehlung:** Ab 6 Jahre

■ **Einkehr:** Reichs Küchenmeister, Kirchplatz 8, 91541 Rothenburg ob der Tauber, Tel. 09861/97 00

■ **Info:** Kriminalmuseum, Burggasse 3-5, 91541 Rothenburg, Tel. 09861/53 59, www.kriminalmuseum.rothenburg.de

Der »Eiserne Käfig«

strafe in den »Eisernen Käfig« musste oder wer den Strohkranz mit den Strohzöpfen aufzog, kann außerdem ergründet werden. Auch wie Kinder in der Schule früher bestraft wurden, ist Thema. Führungen durch das Museum finden nur nach vorheriger Anmeldung statt.

Ebenfalls in Rothenburg gibt es das **Weihnachtsmuseum**. Dieses Museum beschäftigt sich mit dem Christbaumschmuck, wie er einst bei den Ahnen am Baum hing, mit den Gabenbringern und dem Erzgebirge als einem großen Volkskunstgebiet. Außerdem werden Weihnachtspostkarten oder auch Christbaumständer gezeigt. Geöffnet hat das Museum von Januar bis Dezember in der Regel ab 10 Uhr. Der Eintritt beträgt für Erwachsene 4 Euro, für Kinder (6–11 Jahre) 2 Euro, für Familien (zwei Erwachsene und Kinder bis 14 Jahre) 7 Euro. Für einstündige Führungen sollten zusätzlich 30 Euro eingeplant werden. Diese können nur durch schriftliche Voranmeldung einschließlich Rückbestätigung durchgeführt werden. Informationen unter Deutsches Weihnachtsmuseum GmbH, Herrngasse 1, 91541 Rothenburg ob der Tauber, www.weihnachtsmuseum.de

Miniatur-Erlebniswelt Dietenhofen 38

Die Welt im Kleinformat

Große Bauten ganz klein können in der Miniatur-Erlebniswelt in Dietenhofen bewundert werden. Seit der Eröffnung im August 2009 zieht es viele Besucher zu der Miniatur-Welt. Insgesamt gibt es 47 Quadratmeter zu erkunden.

Eine Welt im Modellbahnformat 1:160 erleben die Familien in der Miniatur-Erlebniswelt Dietenhofen. Eine detailgetreue **Modellbahnlandschaft** begeistert die Besucher. Von Jahr zu Jahr wächst die Anlage. Etwa 70 Züge

Eine Welt in »Klein« erforschen

■ **Anfahrt:** Mit dem Auto: Über die A3 und B470, A6, Ausfahrt Ansbach/Mitte und B14 oder A7 und B13 nach Dietenhofen

■ **Öffnungszeiten:** Sa–So 10–18 Uhr. Letzter Samstag und Sonntag im Monat geschlossen

■ **Preise:** Kinder unter 1 m (in Begleitung eines Erwachsenen): frei, Kinder unter 14 Jahren: 4 Euro, Erwachsene: 6 Euro, Familien: ab 14 Euro

■ **Altersempfehlung:** Ab 5 Jahre

■ **Einkehr:** Im Café

■ **Info:** Miniatur-Erlebniswelt, Langenzenner Str. 10, 90599 Dietenhofen, Tel. 09824/92 31 20, www.miniatur-erlebniswelt.de

fahren an Bergen und romantischen Burgen oder Industriegebieten vorbei. S-Bahn-Anbindung, Autoverladung und Flughafen sind außerdem zu entdecken. Die Tag- und Nacht-Steuerung trägt ferner zur Atmosphäre bei. Besonders beliebt bei Kindern sind die Aktionsknöpfe. Hier können sie selbst Elemente der Anlage steuern. In der Café-Bar lassen sich die Familien den Kaffee und Kuchen schmecken oder studieren die Zeitschriften zum Thema Modellbau.

Für Kinder ist der Kindergeburtstag in der Miniatur-Erlebniswelt Dietenhofen ein Highlight. Spielerisch entdecken das Geburtstagskind und seine Freunde die N-Spur-Modellbahnanlage. Während einer Führung erfahren sie Wissenswertes zu Bauzeit, Technik und Lichtsteuerung. Danach können sie selbst tätig werden und die Aktionsknöpfe der Anlage ausprobieren. Nach einer Schnitzeljagd und einem Rangierwettbewerb gibt es eine Siegerehrung. Gestärkt wird sich mit Saft und Geburtstagskuchen in der Café-Bar. Je nach Wunsch kann der Kindergeburtstag in der Miniatur-Erlebniswelt Dietenhofen zusammengestellt werden. Bis zu 20 Kinder können montags bis donnerstags Kindergeburtstag feiern. Informationen gibt es unter der Telefonnummer 09824/92 31 20 oder per Mail an hartmut.lennert@miniatur-erlebniswelt.de.

Die Kleinen haben die Möglichkeit, ihr Können bei den **Modellbastel-Veranstaltungen** für Kinder ab sechs Jahren unter Beweis zu stellen. Unter Anleitung basteln die Jungen und Mädchen Modellbau-Häuschen – ganz nach eigenen Vorstellungen. Diese kleinen Kunstwerke können sie dann mit nach Hause nehmen. Die Dauer der Veranstaltung beträgt ca. eine Stunde. An Kosten für Material und Betreuung sollte pro Kind 5,50 Euro (zzgl. Eintritt in die Miniatur-Erlebniswelt) eingeplant werden. Maximal zehn Kinder können an dem Workshop teilnehmen. Eine Anmeldung ist bis spätestens fünf Tage vor dem jeweiligen Termin telefonisch unter 09824/92 31 20 oder per E-Mail an hartmut.lennert@miniatur-erlebniswelt.de vorzunehmen.

Wenn Kinder und Jugendliche ihre Kenntnisse im Modellbau weiter vertiefen möchten, sind sie bei den Modellbau-Seminaren richtig. Ein selbst gebautes Diorama entsteht unter den fleißigen Händen an zwei Tagen. Informationen gibt es in der Miniatur-Erlebniswelt.

Naturkundemuseum Bamberg

39

Die Erde und seine Bewohner entdecken

Themen aus den Bereichen Geologie, Mineralogie, Bodenkunde, Paläontologie und Zoologie gehen die Besucher des Naturkundemuseums in Bamberg auf den Grund. In einem ehemaligen Jesuitenkolleg befindet sich das Museum mit seinen modernen Ausstellungen.

Seit 1992 ist das Naturkundemuseum in Bamberg für die Eltern und Kinder zugänglich. In dem Museum, welches sich in einem ehemaligen Jesuitenkolleg befindet, durchforsten sie

■ **Anfahrt:** Park and Ride: Aus Richtung Schweinfurt, Coburg und Bayreuth: P&R »An der Breitenau«, dann Omnibus zum Zentralen Omnibusbahnhof (ZOB). Aus Richtung Würzburg und Nürnberg: P&R »Alter Plärrer«, dann mit dem Omnibus zum ZOB

■ **Öffnungszeiten:** Apr.–Sept. 9–17 Uhr, Okt.–März 10–16 Uhr (am 1.1., Faschingsdienstag, 1. 11., 24., 25., 31.12. geschlossen)

■ **Preise:** Erwachsene: 2 Euro, Kinder (ab 6 Jahre): 1 Euro

■ **Altersempfehlung:** Ab 4 Jahre

■ **Einkehr:** Restaurant Kachelofen, Obere Sandstr. 1, 96049 Bamberg, Tel. 0951/ 571 72

■ **Info:** Naturkundemuseum Bamberg, Fleischstr. 2, 96047 Bamberg, Tel. 0951/ 863 12 49, www.naturkundemuseum-bamberg.de

Vertreter der Meeressäugetiere

mehrere Abteilungen mit Schwerpunkten wie Geologie, Mineralogie, Bodenkunde, Paläontologie und Zoologie.

Leuchtbilder, Drehgloben und eine Tonbildschau beschäftigen sich mit dem Thema Erde. Sehr beeindruckend ist eine Vulkanlandschaft, die den Besuchern das Aussehen im Inneren zeigt.

Unter dem Thema »Schatzkammer der Erde« sehen sich die Eltern und Kinder in einem abgedunkelten Raum Kristallbildungen an, während sie sich im Bereich Geologie von Nordost-Bayern mit Schichtstufenlandschaft, Karsterscheinung und Flussgeschichte beschäftigen. Mit den einheimischen Böden und ihren Lebewesen befassen sie sich in einer weiteren Abteilung, bevor sie das Leben in der Urzeit der Region Franken unter die Lupe nehmen. Fossile Pflanzen, Seeigel, Krebse, Fische, Fischsaurier und Saurierspuren werden von vielen Augenpaaren betrachtet. Was es mit den »Würzburger Lügensteinen« auf sich hat, wird ebenso verraten.

Braunbär, Wolf, Fuchs und Wildkatze können in der Abteilung »**Einheimische Säugetiere**« wiederentdeckt werden, während nicht weit entfernt ein sehr wertvolles Exponat wartet. Das »Quagga« – eine ausgerottete Tierart steht als Mahnmal für viele weitere bedrohte Tierarten.

Der Bamberger Vogelsaal ist ein historisches Naturalienkabinett und ein Museum im Museum. Über 200 Quadratmeter ist er groß und beherbergt fantastische Exponate. Im Rahmen einer Führung lässt sich der Vogelsaal intensiv erkunden. Führungstermine können außerhalb der Öffnungszeiten unter der Telefonnummer 0951/674 44 vereinbart werden. Die individuelle Führung kostet 1,50 Euro pro Person, mindestens jedoch 35 Euro.

Regelmäßig finden im Naturkundemuseum spannende Sonderausstellungen statt. Außerdem können an der Museumskasse Souvenirs wie naturkundliche Schriften, Postkarten oder Geschenkgutscheine erworben werden. Bei Kindern sind vor allem je nach Angebot kleinere Versteinerungen sehr beliebt.

Tipp

Ein besonderer Service ist die Schadinsektberatung. Hier können die Familien ihre häuslichen Tierchen wie Motten, Schaben und Flöhe im Glas vorbeibringen. Nach ein paar Tagen erhalten sie einen Bericht mit Bekämpfungsmaßnahmen. Für diesen Service sollten 15 Euro eingeplant werden.

Meerrettichmuseum Baiersdorf 40

Scharf und lecker

Wissenswertes über Anbau, Verarbeitung und Verwendung der Gewürz- und Heilpflanze gibt es im Schamel Meerrettich-Museum zu sehen. Dabei wird sowohl die Vergangenheit als auch die Gegenwart beleuchtet. Mit allen Sinnen können die Entdecker ihren Besuch in der Meerrettichstadt Baiersdorf genießen.

Für viele gehört die Verwendung des Meerrettichs wie Pfeffer und Salz zum Alltag. Die Meerrettichpflanze, die ursprünglich geruchlos ist, entwickelt einen stechenden Geruch, sobald die Wurzel geschnitten wird. Als

Scharf und Lecker

■ **Anfahrt:** Mit dem Auto: Über die A73 nach Baiersdorf. Zu Fuß: Vom Bahnhof ca. 200 m
■ **Öffnungszeiten:** März–Nov. jeweils Sa, So 10.30–17 Uhr, Gruppen jederzeit nach Voranmeldung
■ **Preise:** Erwachsene: 2 Euro, ermäßigt: 1,50 Euro, Kinder bis 14 Jahre: frei
■ **Altersempfehlung:** Ab 5 Jahre
■ **Einkehr:** Hotel und Restaurant Fränkischer Hof, Altenkunstadter Str. 41, 96264 Altenkunstadt, Tel. 09572/ 38 30 00
■ **Info:** Schamels Meerrettich-Museum, Judengasse 11, 91083 Baiersdorf, Tel. 09133/ 60 30 40, www.schamel.de

Meerrettichsenf, Meerrettich-Creme oder auch Preiselbeer-Sahnemeerrettich wird er gern zu Fleisch- und Fischgerichten gereicht. Auch zu Frankfurtern bzw. Wienerwürstchen lassen sich die großen und kleinen Verkoster den Meerrettich schmecken.

Eine heilende Wirkung wird dem Meerrettich ebenfalls nachgesagt. Heute wird er zur Stärkung der Abwehrkräfte eingesetzt. Früher dagegen wurde er bei Vergiftungen und Ohrenschmerzen angewandt.

Im Meerrettichmuseum können sich nun die Eltern und Kinder über den richtigen Anbau informieren. Andere Themen sind, wie die Pflanze verarbeitet und eingesetzt wird. Das Museum der Firma Schamel in Baiersdorf informiert ebenfalls über die Geschichte des Meerrettichs und der Meerrettichstadt Baiersdorf. Die Familien lernen das Baiersdorfer Krenweible kennen und können sich ihre Trachten ansehen. Außerdem werden sie über die Tätigkeit der Krenhausierer informiert, die das Gemüse an den Haustüren und auf den Märkten verkauft haben. Weiterhin widmet sich das Museum den Meerrettich-Produkten aus aller Welt.

Außerdem erhalten die Besucher Lehrreiches zu den Inhaltsstoffen des Meerrettichs. Nur wenigen ist bekannt, dass Vitamin C, Vitamine B1, B2 und B6, Kalium, Calcium, Magnesium und Eisen wesentliche Inhaltsstoffe sind. Außerdem beinhaltet der Meerrettich Stoffe, aus denen sich Senföle bilden, die eine antibiotische Wirkung erzielen.

Bild-, Dia- und Text-Tafeln lassen den Rundgang im Museum besonders anschaulich werden. Außerdem können sich die Besucher Filme über den Anbau und die Verarbeitung ansehen. Maschinen, Geräte und Werkzeuge, die dafür genutzt werden und wurden, sind überdies ausgestellt. Für die Kinder sind die **historischen Geräte** zum Selbsttesten besonders spannend.

Sehr inspirierend für den eigenen Garten ist der Besuch des kleinen Meerrettichfeldes im Freien. Hier kann man theoretisch der Pflanze beim Wachsen zusehen.

Zum Abschluss lockt der Besuch des Museumsladens. Leckere Meerrettichspezialitäten können für zu Hause erworben werden. Auch Oma und Opa würden sich über eine der Leckereien bestimmt freuen.

Museum der Deutschen Spielzeugindustrie Neustadt 41

Eine übergroße Puppenstube

Das Museum der Deutschen Spielzeugindustrie in Neustadt bei Coburg lädt die Eltern und Kinder zu einer Zeitreise ein. Den Trachtenpuppen wurde im Museum ein eigener Bereich gewährt. Für Kinder gibt es ein eigenes »Kindermuseum«.

Wie werden die liebsten Dinge der Kinder hergestellt? Einen Einblick gibt es im Museum der Deutschen Spielzeugindustrie in Neustadt. Hier erfahren die Besucher, dass es am Anfang des 20. Jahrhunderts 16 Berufe gab,

Sind die echt?

die sich ausschließlich mit der Puppenherstellung beschäftigten. Wer welche Handgriffe tätigte, wird während eines Rundganges im Industriemuseum erklärt. Eltern und Kinder lernen dabei verschiedene Arbeitstechniken kennen, wie beispielsweise das Einsetzen der Augen oder auch das Anfertigen der Perücken, was damals per Hand geschah. Zudem können sie nachvollziehen, wie die geliebten Kuschelbären unter fleißigen Händen entstanden und

■ **Anfahrt:** Mit dem Auto: Über die A73 und B4 nach Neustadt, weiter Richtung Stadtmitte

■ **Öffnungszeiten:** Di–So 10–17 Uhr

■ **Preise:** Einzelticket: 3 Euro, Gruppen: 2,50 Euro, ermäßigt: 1,50 Euro, Familienkarte: 7 Euro (gültig für 2 Erwachsene und 2 Kinder)

■ **Altersempfehlung:** Ab 3 Jahre

■ **Einkehr:** Pizzeria Da Carlo, Coburger Str. 13, 96465 Neustadt bei Coburg, Tel. 09568/ 53 44

■ **Info:** Museum der Deutschen Spielzeugindustrie, Hindenburgplatz 1, 96465 Neustadt bei Coburg, Tel. 09568/56 00, www.spielzeugmuseum-neustadt.de

Tipp

Lohnenswert ist auch der Besuch des Freizeitparks »Villeneuve sur Lot«. Der Fun-Park für Skater, ein Natur-Erfahrungsfeld, Kletterschlucht u.v.m. locken im Sommerhalbjahr vom 1. Mai bis 30. September täglich von 8 bis 22 Uhr (außer bei Sonderveranstaltungen) und im Winterhalbjahr vom 1. Oktober bis 30. April täglich von 9 bis 20 Uhr die Kids an.

welche Teile für das beruhigende Brummen sorgten.

Den **Trachtenpuppen** wurde im Museum ein besonderer Platz eingeräumt. Diese Sammlung ist besonders sehenswert und war sogar dafür verantwortlich, dass das Museum überhaupt entstanden ist. Einst wurden in der Stadt die Puppenkörper modelliert und bekleidet. Etwa 800 Trachtenpuppen aus rund 100 Ländern können eingehend bestaunt werden.

In Form der märchenhaften Erzählung »Die Werkstatt des Weihnachtsmannes« erfahren die Kinder im Kindermuseum viel Neues über die Entwicklung der Spielzeugindustrie. Dazu bestaunen sie die Geräte und Produkte im Kleinformat.

Neben den regelmäßigen Sonderausstellungen gibt es auch Kinderprogramme wie Bastelevents in der Vorweihnachtszeit, Frühlingsbasteln oder der Nikolaus kommt. Überdies findet eine Veranstaltung statt, bei der Kinderdetektive einen Fall lösen müssen.

Die Kinder und Eltern können zudem den bunten Frühlingsmarkt besuchen, in der Miniaturenbörse des Museums das eine oder das andere für die heimische Puppenstube erwerben oder Kunsthandwerkliches auf dem Herbst- und Adventsmarkt entdecken.

Ein ganz besonderes Angebot ist die »**MuseumsTour**«. Ein Bus bringt die Familien zu drei Spezialmuseen für Puppen und Spielzeug in Neustadt, Sonneberg und Coburg. Zusteigemöglichkeiten befinden sich jeweils in Coburg und Sonneberg. Diese geführte Bustour kann nach vorheriger Anmeldung unternommen werden. Informationen gibt es unter der Telefonnummer 09568/5600.

Das Museum ist ein besonderes Highlight beim Internationalen Puppenfestival in Neustadt bei Coburg. Die »lebenden« Werkstätten im Museum sind an mehreren Tagen ein großer Anziehungspunkt für die Neustädter und ihre Gäste.

Museum im Kulturspeicher Würzburg   42

Kunstwerke eingehend bewundern

Kunst vom 19. Jahrhundert bis zum heutigen Tag kann im Museum im Kulturspeicher in Würzburg bewundert werden. Seit dem Jahr 2002 befindet sich das Museum im Kulturspeicher, der vor Jahren ein Getreidespeicher am Alten Hafen war. In ihm befinden sich neben dem Museum noch ein Theater und eine Tanzwerkstatt.

Die Städtische Sammlung mit Kunst vom 19. Jahrhundert und die »Sammlung Peter C. Ruppert. Konkrete Kunst in Europa nach 1945« werden im Museum im Kulturspeicher präsentiert. 3500 Quadratmeter Ausstellungsfläche stehen den Besuchern zur Verfügung.

Die Eltern und Kinder sehen sich biedermeierliche Porträts, Werke des deutschen Impressionismus und auch Bilder von Würzburg vor der Bombardierung an. Außerdem können Skulpturen der Bildhauerin Emy Roeder bewundert werden. In der Sammlung Peter C. Ruppert werden Werke der Konkreten Kunst beispielsweise von Hans Arp, Max Bill, An-

■ **Anfahrt:** Mit dem Auto: Über die A3, B27 oder B8 bzw. A7 und B19/B8 nach Würzburg Richtung Poliklinik. Zu Fuß: Ca. 500 m vom Hauptbahnhof
■ **Öffnungszeiten:** Di 13–18 Uhr, Mi 11–18 Uhr, Do 11–19 Uhr, Fr, Sa, So, Fei 11–18 Uhr, montags, Heiligabend (24.12.), 1. Weihnachtstag (25.12.), Silvester (31.12.), Faschingsdienstag geschlossen
■ **Preise:** Erwachsene: 3,50 Euro, ermäßigt: 2 Euro, Gruppen ab 20 Personen: jeweils 2,50 Euro; Sondertarif während großer Wechselausstellungen: Erwachsene: 4,50 Euro, ermäßigt: 2,50 Euro; Gruppen ab 20 Personen: jeweils 3,50 Euro, Kinder (6–14 Jahre): 1,50 Euro, Schülerinnen und Schüler (ab 15 Jahre): 2 Euro
■ **Altersempfehlung:** Ab 5 Jahre
■ **Einkehr:** Im Café-Restaurant des Museums
■ **Info:** Museum im Kulturspeicher Würzburg, Oskar-Laredo-Platz 1, 97080 Würzburg, Tel. 0931/32 22 50, www.kulturspeicher.de

»Vogel im Traumgarten« (Hesse)

thony Caro oder Günter Fruhtrunk präsentiert. In der MuseumsWerkstatt setzen sich die Jungen und Mädchen intensiv mit Kunst auseinander. Sie üben sich im **Ausdrucksmalen,** beschäftigen sich mit Tierskulpturen, bauen und gestalten Leinwände. Gemeinsam experimentieren sie mit Farben und beweisen sich im Kreativen Schreiben und **Aquarellieren**. Die Termine für das Ferien- und Freizeitprogramm für Kinder und Jugendliche in der MuseumsWerkstatt sind auf der Internetseite einsehbar. Eine frühzeitige Anmeldung ist empfehlenswert. Außerdem erhalten die Familien Informationen bei der Museumspädagogik im Kulturspeicher. Ansprechpartner sind Christiane Rolfs und Anja Klinger, Tel. 0931/322 25 19, E-Mail: anja.klinger@stadt.wuerzburg.de

Tipp
Ausgefallene Geschenke oder auch Bücher gibt es im Museumsshop zu entdecken. Der Shop, der sich im Foyer des Speichers befindet, ist auch ohne Museumsbesuche zugänglich.

Sehr beliebt sind auch die Kindergeburtstage im Museum. Die Kinder begeben sich auf Entdeckungstour durch das Museum und werden selbst in

»Glasiger Herbst« (Hesse)

der Musemswerkstatt tätig. Maximal zwölf Kinder können an der Party, die etwa zwei bis drei Stunden dauert, teilnehmen.

Unter dem Motto »Eule, Katze, Kuh« beschäftigen sich die Jungen und Mädchen ab sechs Jahren mit den Tierplastiken von Emy Roeder und Reinhard Dachlauer und zeichnen Tiere bzw. formen diese aus Ton. Bei »Kunst in Bewegung« bauen die Kids ein bewegtes Kunstwerk, während sie bei »Die vier Jahreszeiten« den Frühling, Sommer, Herbst und Winter mit verschiedenen Mal- und Gestaltungstechniken darstellen. Kinder ab acht Jahren unternehmen während des Programms »Frisch gestrichen« eine Führung durch die Städtische Sammlung oder die »Sammlung Peter C. Ruppert. Konkrete Kunst« und probieren sich mit Acrylfarbe. Verschiedene Drucktechniken werden bei »Frisch gedruckt« ausprobiert. Ein eigenes Architekturmodell entwerfen und bauen die Kids bei »Stein auf Stein«.

30 Euro pro Stunde zuzüglich Materialkosten sollten als Ausgaben für den Kindergeburtstag eingeplant werden. Essen und Getränke können mitgebracht werden. Das Leihen von Besteck und Geschirr kostet 5 Euro.

43 turmdersinne Nürnberg

(Nicht) von allen Sinnen

Erleben, Staunen und Begreifen stehen während eines Besuches des turmdersinne im Vordergrund. Die Sinne eines jeden Besuchers werden gründlich auf die Probe gestellt. Auf mehreren Etagen des Museums warten zahlreiche Herausforderungen zum Ausprobieren.

■ **Anfahrt:** Mit dem Auto: Über die A73 nach Nürnberg, weiter Richtung Stadtmitte. Mit den öffentlichen Verkehrsmitteln: Straßenbahnlinie 4 oder 6, mit der Buslinie 36 bis Haltestelle Hallertor und dann ca. 200 m Fußweg oder mit der U1/U11 Haltestelle Weißer Turm und ca. 250 m Fußweg

■ **Öffnungszeiten:** Di–Fr 13–17 Uhr, Sa, So, Fei 11–17 Uhr (verlängerte Sonderöffnungszeiten in den Ferien)

■ **Preise:** Erwachsene: 6 Euro, Kinder: 4,50 Euro, Gruppen ab 10 Personen: 5 Euro

■ **Altersempfehlung:** Ab 8 Jahre

■ **Einkehr:** Cera Una Volta, Johannesgasse 51, 90402 Nürnberg, Tel. 0911/24 46 63 00

■ **Info:** turmdersinne, Spittlertorgraben 45, 90429 Nürnberg, Tel. 0911/944 32 81, www.turmdersinne.de

Das Experimentieren steht im Mitmach- und Erlebnismuseum turmdersinne in Nürnberg im Vordergrund. Das Museum in Nürnberg lädt den Besucher zu faszinierenden Erlebnissen mit seinen eigenen Sinnen ein. Im Mittelpunkt steht die eigene Wahrnehmung und wie sie in die Irre geführt werden kann.

Ursprünglich war die Wanderausstellung in vielen Orten unterwegs. Aufgrund ihres Erfolges erhielt das Projekt einen festen Standort. Bei Themen wie Wahrnehmung, Hirnforschung, Bewusstsein, Intelligenz und Lernen beteiligten sich viele Wissenschaftler.

Das eigene Ausprobieren der einzelnen Experimente steht hier an erster Stelle. Mehrere Etagen laden zu Erkundungen ein. Jeder Etage wurde ein eigenes Sinnesorgan zugeordnet. Die Eltern und Kinder können hören, riechen, sehen, schmecken und fühlen. Sie befinden sich beispielsweise an einem Ort wo es ihnen kalt und heiß zugleich ist und erkunden einen Raum, wo sie sich sehr schnell von einem Riesen in einen Miniaturzwerg verwandeln.

Für mehr Hintergrundinformationen bietet das Erlebnismuseum verschiedene Führungen an.

Der Amesraum

Kinder im Alter von sechs bis neun Jahren gehen unter dem Motto »Forscherrundgang« mit einem Entdeckerkoffer auf Entdeckertour durch das Hands-on-Museum turmdersinne. Hierbei betätigen sie sich bei allerlei Exponaten und Experimenten. Auf spielerische Art und Weise werden sie mit den **Wahrnehmungsphänomenen** bekannt gemacht. Eine Gruppe von maximal 30 Kindern kann an dieser Führung teilnehmen. Etwa zwei Stunden sollten eingeplant werden. Dieses Programm kann für einen Gruppenbesuch und im Rahmen eines Kindergeburtstages gebucht werden. Anfallende Kosten während eines Sonderführungsangebots (Termine nach Ankündigung) 6,50 Euro pro Kind (inkl. Führungsgebühr), bei Gruppenbuchung 4,50 Euro pro Kind, eine Begleitperson ist frei (jede weitere 5 Euro). Dazu kommt eine Führungspauschale bis zehn Kinder 24 Euro, ab elf Kinder 48 Euro, ab 21 Kinder 72 Euro und bei Kindergeburtstagen 4,50 Euro pro Kind, zwei Erwachsene sind frei (jeder weitere: 5 Euro). Dazu kommt eine Führungspauschale (bis 15 Teilnehmer) von 24 Euro.

Während der bayerischen Schulferien hat der tumdersinne täglich geöffnet. Zudem können sich Schulkinder über verschiedene Sonderaktionen wie die Erlebnisführung oder das Öffnen der Exponate-Werkstatt freuen.

> **Tipp**
>
> Knapp 700 m vom turmdersinne entfernt befindet sich das Nicolaus-Copernicus-Planetarium. Die Kinderprogramme des Planetariums erfreuen sich großer Beliebtheit. Das turbulente Weltraumabenteuer »Plani und Wuschel retten die Sterne« oder auch »Peterchens Mondfahrt« führt Kinder ab 4 Jahren behutsam in die Materie des Himmelsgeschehens ein. Nicolaus-Copernicus-Planetarium Nürnberg, Am Plärrer 41, 90429 Nürnberg, Tel. 0911/929 65 53, www.planetarium-nuernberg.de

44 Schulmuseum Schloss Aschach

Wie früher die Schulbank drücken

Wie einst die Großeltern lernten und über den Matheaufgaben »brüteten«, zeigt das Schulmuseum im Schloss Aschach den Familien. In einem ehemaligen Gärtnerhaus aus dem Jahr 1774 können sie das Lernen in früheren Zeiten nachempfinden. Auf dem Gelände des Schlosses gibt es aber noch viel mehr zu entdecken.

Etwa acht Kilometer von Bad Kissingen entfernt befindet sich bei Bad Bocklet das Schloss Aschach. Ursprünglich als Sommerschloss der Grafen von Luxburg erbaut, ging es in den Besitz des Bezirks Unterfranken über. Drei Museen,

■ **Anfahrt:** Mit dem Auto: Über die A7 und B286 oder A71 und B287 nach Aschach/Bad Bocklet. Mit dem Bus: Bus 8142 von Bad Kissingen oder Bad Neustadt/Saale nach Aschach. Weiter mit dem Bäderlandbus zum Schloss

■ **Öffnungszeiten:** Apr.– Sept. 14–18 Uhr, Okt. 14–17 Uhr

■ **Preise:** Eintrittspreise für alle drei Museen: Erwachsene: 5 Euro, Schwerbeschädigte, Kinder ab 6 Jahre, Jugendliche: 1,50 Euro, Familienkarte: 8,50 Euro

■ **Altersempfehlung:** Ab 5 Jahre

■ **Einkehr:** Café und Bistro im Schloss

■ **Info:** Museen Schloss Aschach, Schlossstr. 24, 97708 Bad Bocklet, Tel. 09708/61 42 oder 358 (Kasse), www.museen-schloss-aschach.de

Schreiben wie einst die Urgroßmutter

einen kleinen Park und ein Café & Restaurant beinhaltet das Schloss Aschach.

Eines der drei Museen ist das Schulmuseum, welches sich im ehemaligen Gärtnerhaus aus dem Jahr 1774 befindet. Für Kinder ist dessen Besuch ein einmaliges Erlebnis. Hier erfahren sie, wie ihre Vorfahren das Lesen und Schreiben lernten. Besonders erstaunt sind die Kinder immer wieder über die Einfachheit der Unterrichtsmaterialien. Kaum können sie es fassen, dass nicht mit Computer oder Taschenrechner, sondern mit einer **Rechentafel** addiert wurde.

Außerdem betrachten sie historische Fotografien und Schulwandbilder, wie sie seit 1830 in den Schulen genutzt wurden. In einem **historischen Schulsaal** probieren sie die Sitzbänke aus und können hautnah die damalige Atmosphäre nachempfinden.

Neben dem Graf-Luxburg-Museum, in dem Gemälde, spätgotische Skulpturen, Möbel, Augsburger und Nürnberger Silber in den insgesamt 30 Schlossräumen begutachtet werden können, gibt es noch das Volkskundemuseum. Dieses befindet sich in einem barocken Fruchtspeicher (1692) der Schlossanlage und in einem Neubau. In der Ausstellung erfahren die Familien, wie die Menschen in der Rhön in der Zeit von 1850 bis 1950 gelebt haben. Die Eltern und Kinder sehen sich Haushaltsgegenstände, Kleidung und Tracht sowie Maschinen und Arbeitsgeräte der Bauern an.

Im Rahmen einer Führung oder eines Seminars erhalten die Familien tiefergehende Informationen zu den Thematiken der Museen. Die Kinder können an einem historischen Schulunterricht teilnehmen, sich mit dem Leben einer Prinzessin beschäftigen oder Porzellan begutachten und sogar bemalen.

Spannend sind auch die Kindergeburtstage. Die Kinder absolvieren einen Rundgang durch das Schloss oder nehmen an einem historischen Schulunterricht teil, beschäftigen sich mit dem Leben der Rhönbauern oder erfahren, wie vor über 100 Jahren Kleidungsstücke in der Rhön hergestellt wurden. Der 2,5-stündige Kindergeburtstag ist inklusive Kaffeetafel für maximal 15 Kinder organisierbar. Der Preis beträgt 55 Euro zuzüglich Eintritt. Für das Geburtstagskind und zwei Begleitpersonen ist der Eintritt frei.

45 Kart Center Franken

Mal richtig Gas geben

Quietschende Reifen und der Geruch von Motorenöl erwarten die kartbegeisterten Familien im Kart Center Franken. Im Jahr 1995 wurde die Anlage als erste Kartbahn in Bayern in Betrieb genommen. Bis heute ist sie ein beliebtes Freizeitziel.

Ganz wie die Helden des Motorsports fühlen sich die Eltern und Kinder im Kart Center Franken. Auf einer Fläche von 3300 Quadratmetern wurde eine 430 Meter lange abwechslungsreiche Strecke erbaut. Auf ihr können die Anhänger des Motorsports ihr Können auf einer Fahrbahnbreite von 4,5 bis 8 Metern unter Beweis stellen.

Wie in der echten **Formel 1** gibt es verbundene Reifenstapel, die für die Begrenzung der Strecke sorgen. Der Fahrbelag ist an verschiedenen Stellen aufgeraut und verfügt über ein mittleres Gripverhältnis. Mithilfe der Computermessung werden die Runden- und Rennzeiten auf einer großen Tafel angezeigt. Die Rennfahrer können sich über ein Scoreboard über die Erfolge der ersten Fahrten informieren.

Bevor es aber so richtig losgeht, werden die Kinder und Eltern in die Bedienung der Karts und in die Sicherheitsbestimmungen eingewiesen. Danach ziehen sich die kleinen Rennfahrer die Overalls und Helme über, die kostenfrei zur Verfügung gestellt werden. Die Sturmhaube, die unter dem Helm getragen wird, gibt es gegen eine Leihgebühr von 50 Cent.

Kleinere Kinder fahren zusammen mit Papa oder Mama in einem Zweisitzer Kart, während es die Jungen und Mädchen ab einem Alter von

■ **Anfahrt:** Mit dem Auto: A6 über die B13 in Richtung Ansbach. In Ansbach bis zur Schlosskreuzung, dann rechts ab in Richtung Weihenzell

■ **Öffnungszeiten:** Mo–Do 17–22 Uhr, Fr 17–23 Uhr, Sa 14.30–23 Uhr, So 10–22 Uhr, Feiertage (werktags) 14.30–23 Uhr, sonntags Juniortime 10–13 Uhr

■ **Preise:** Einzelfahrt: 9,50 Euro, Zehnerticket: 80 Euro

■ **Altersempfehlung:** Ab 4 Jahre

■ **Einkehr:** Im Bistro

■ **Info:** Kart Center Franken, Äußere Ansbacher Str. 3, 91629 Weihenzell, Tel. 09802/805 08, www.kart-center-franken.de

Spannende Rennen

zehn Jahren und einer Körpergröße von 1,35 Metern in den speziellen Kinder-Karts ihren Idolen gleichtun.

Innerhalb eines Kurses in der **Kartschule** haben die Kinder und Anfänger die Gelegenheit, den richtigen Umgang mit dem Kart zu erlernen. Neben Flaggenkunde und Sicherheit steht auch die Ideallinie in Theorie und Praxis auf dem Lehrplan. Zum Abschluss erhalten die Schüler eine Teilnahmeurkunde. Die Dauer dieses Kurses (29 Euro) beträgt ca. 90 Minuten. Für Kinder im Alter von acht bis zehn Jahren (Mindestkörpergröße 135 Zentimeter) ist die Teilnahme an der Kartschule eine Voraussetzung für die Ausstellung einer »Driving Licence«. Für Kinder bis 14 Jahre wird die Kartschule vor erstmaliger Bahnbenutzung empfohlen. Eine vorherige Anmeldung ist notwendig!

Kinder bis zu einem Alter von 14 Jahren fahren am Sonntag in der Zeit von 10 bis 13 Uhr zu einem vergünstigten Preis! Montags dagegen erhalten die Fahrer drei Trainingstickets für je zehn Minuten zum Preis von zwei (19 Euro).

Im Bistrobereich, der sich über zwei Ebenen erstreckt, stillen die Eltern und Kinder ihren Appetit mit kalten und warmen Speisen. Über eine große Glaspanoramawand können sie zudem das Geschehen auf der Rennstrecke beobachten.

Weitere Kartbahnen:
- Formula, Kilianstr. 102, 90425 Nürnberg, Tel. 0911/ 366 30 30, www.formula-nuernberg.de
- Konrads Kart, Gottlieb-Daimler-Str. 6, 95032 Hof, Tel. 09281/779 04 40, www.konrads-kart.de
- Steigerwald-Motodrom Gerolzhofen, Dingolshäuser Str. 24, 97447 Gerolzhofen, Tel. 09382/12 55, www.msvgeo.de

46 Erlebnisbad Novamare Neuendettelsau

Großer Wasserspaß für alle

Puren Wasserspaß genießen die Eltern und Kinder im Freizeitbad Novamare. Zahlreiche Attraktionen lassen die Zeit schnell vergehen. Für den kleinen oder großen Appetit ist natürlich auch gesorgt.

■ **Anfahrt:** Mit dem Auto: Über die A6, Ausfahrt Neuendettelsau nach Neuendettelsau. Am Ortseingang rechts in die Nordstraße

■ **Öffnungszeiten:** Mo–Fr 15–22 Uhr, in den bayerischen Ferien ab 13 Uhr geöffnet, Sa, So und an gesetzlichen Feiertagen 10.30–18 Uhr; Frühschwimmen: Mo, Mi, Fr 5.45–7.15 Uhr

■ **Preise:** Erwachsene Tageskarte: 7 Euro, 4-Stundenkarte: 6 Euro, 2 Stunden: 4 Euro; Kinder ab 6 Jahre: Tageskarte 3,50 Euro, 4-Stundenkarte: 3 Euro, Saunazuschlag: 4 Euro

■ **Altersempfehlung:** Ab 0 Jahre

■ **Einkehr:** Im Freizeitbad

■ **Info:** Gemeindewerke Neuendettelsau, Johann-Flierl-Str. 19, 91564 Neuendettelsau, Tel. 09874/50 20, www.neuendettelsau.eu

Schwimmen im Erlebnisbad

Ausdauernde Wasserfreuden erleben die Familien in Neuendettelsau. Das Freizeitbad Novamare wirkt sowohl in der kalten als auch in der warmen Jahreszeit wie ein Magnet auf die Familien.

Zu seinen Highlights gehört ein **Freizeitbecken**, welches etwa 376 Quadratmeter misst. Drei

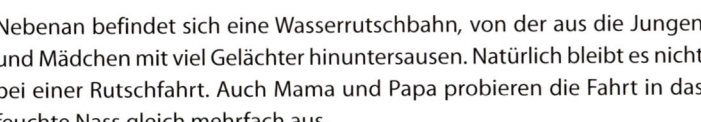

Bahnen stehen hier den sportlichen Eltern und Kindern zur Verfügung. Ausdauernd kraulen sie oder üben sich im Brustschwimmen auf einer Strecke von jeweils 25 Metern. Angenehm wirkt dabei die Temperatur von 28 bis 29 Grad Celsius auf die trainierten Körper.

Nebenan befindet sich eine Wasserrutschbahn, von der aus die Jungen und Mädchen mit viel Gelächter hinuntersausen. Natürlich bleibt es nicht bei einer Rutschfahrt. Auch Mama und Papa probieren die Fahrt in das feuchte Nass gleich mehrfach aus.

Für die Kleinen gibt es ein **Kinderplanschbecken**, in dem sie sich fröhlich mit dem nassen Element vertraut machen. Gemeinsam mit anderen klei-nen Jungen und Mädchen planschen sie aus-giebig und erkunden die zahlreichen Spiel-möglichkeiten. Die Eltern beobachten sie bei ihrem Spiel und nutzen die Pause zum Gespräch mit anderen Familien.

> **Tipp**
> Für alle Frühaufsteher findet das Frühschwimmen jeweils Mo, Mi, Fr von 5.45–7.15 Uhr statt.

Im Außenbecken genießen die Familien das Bad in dem 30 Grad warmen Wasser – egal bei welchem Wetter. Sie tauchen und schwimmen oder relaxen eingehend, bevor sie eine Badepause machen.

Während sich zahlreiche kleine und große Badegäste im Wildbach des Freizeitbades behaupten und die Kraft des Wasserfalls spüren, genießen andere das beruhigende Blubbern in der Sprudelbucht. Das lockert nicht nur die Glieder, sondern ist auch eine Wohltat für die Seele. Die nötige Entspannung erhalten die Badegäste zudem im Solebecken mit Whirl-pool.

Das Kneippbecken und auch das Römische Dampfbad werden ebenfalls gern im Freizeitbad Novamare genutzt. Verspannte Muskeln werden durch die Massagedüsen wieder munter. Die 70 Quadratmeter große Sau-naanlage ist am Mittwoch für die Damen reserviert. An allen anderen Tagen ist gemischte Sauna.

Im Novamare-Inn können sich die Badegäste ausgiebig stärken. Neben frischen Salaten stehen Käsesemmel, Minipizza oder Schnitzel auf der Speisekarte. Alle Gerichte können auch nach Hause – unabhängig von einem Badbesuch – mitgenommen werden.

47 Therme Obernsees

Fun und Wellness für die ganze Familie

Über eine Mineralisation von 1200 Milligramm verfügt das heilsame Thermalwasser der Therme Obernsees. Sowohl Kinder als auch Eltern fühlen sich in der Erlebniswelt mit ihren vielen Angeboten wohl. Die hiesige Badewelt wurde mit dem Titel Europabad mit vier Badeperlen ausgezeichnet.

■ **Anfahrt:** Mit dem Auto: Über die A9 oder A70 und B22 nach Mistelgau. Mit den öffentlichen Verkehrsmitteln: Vom Hauptbahnhof Bayreuth mit dem Bus bis zur Therme

■ **Öffnungszeiten:** Mai–Sept. Mo–Do 9–22 Uhr, Fr–Sa 9–22 Uhr, So und Fei 8.30–20 Uhr; Okt.–Apr. Mo–Do 9–22 Uhr, Fr–Sa 9–23 Uhr, So und Fei 8.30–22 Uhr

■ **Preise:** Erwachsene: 13,50 Euro (Tageskarte), Erwachsene: 10,50 Euro (3 Std.), Kinder: 10 Euro (Tageskarte), Kinder: 7 Euro (3 Std.), Familien: 33 Euro (Tageskarte), Familien: 25 Euro (3 Std.)

■ **Altersempfehlung:** Ab 0 Jahre

■ **Einkehr:** Gastronomie in der Obernsees-Therme

■ **Info:** Therme Obernsees, An der Therme 1, 95490 Mistelgau, Tel. 09206/99 30 00 www.therme-obernsees.de

In der Therme Obernsees lassen die Familien den Alltag völlig hinter sich und genießen das große Angebot an Spiel, Spaß und Entspannung. Der **Fun- und Erlebnisbereich** ist für Kinder eine tolle Attraktion. Hier finden die Kleinen eine Kinderspiel-Oase, wo sie mit kleinen anderen Freunden in dem 32 Grad warmen Thermalwasser spielen. Das Schwimm- und Attraktionsbecken ist ein Anziehungspunkt für die älteren Kinder. Blubberbucht, Hangelnetz, Wasserkanone oder die Steilrutsche laden die Piraten und Nixen zu aufregenden Abenteuern ein.

Ein besonderes Erlebnis ist auch die Reifen-Erlebnisrutsche, auf der die Jungen und Mädchen insgesamt 90 Meter hinunterdüsen. Die Lichteffekte sorgen dabei noch für ganz besondere Eindrücke. Die Wasserkaskaden sind ein Ort der Ruhe, wo die Badegäste das prasselnde Wasser auf ihren Rücken genießen können. Die **Tropfstein-Dampfgrotte** ist ein ganz besonderer Ort. Maximal 15 Personen können hier Platz nehmen und das typisch fränkische Ambiente auf sich wirken lassen. Aufgrund des Zusammenspiels von Wasser und Feuer entsteht heißer Dampf, der sich positiv auf den ganzen Körper auswirkt.

Fröhliches Blubbern

Im Außenbereich entdecken die Eltern und Kinder nicht nur das Außenbecken, sondern auch einen Wasserspielbereich, der die Jungen und Mädchen zu fantasiereichen Spielen einlädt. Bei entsprechendem Wetter sonnen sich die Badegäste auf der großen Liegewiese und stärken sich mit kühlen Getränken und auch Eis.

Saunaliebhaber finden in der Therme Obernsees verschiedene Saunen wie eine Feuersauna, Steinsauna oder auch Kelo-Blockhaussauna vor. Außerdem verwöhnt das fränkische Kräutersaunarium, das Aromadampfbad oder auch das Jura-Steinbad seine Anhänger. Neben dem Ruhebereich verfügt der Saunabereich über ein Sole-Sprudelbecken, den Kneipp Canyon und auch einen Saunagarten mit Liegewiese.

Das Bistro in der Therme Obernsees, die Saunafitbar oder das Thermen-Bistro verwöhnen dagegen mit Speis und Trank die Eltern und ihre Kinder. Leckere frische Salate, Frühstücksangebote, Pizza und auch kleine Snacks stehen auf der Speisekarte. Für die Kinder gibt es sogar ganz spezielle Gerichte wie Zwergnudeln, Kinderschnitzel oder Fischstäbchen.

Tipp
Kinder im Alter von 4 bis 12 Jahren können dem Thermelino-Kinder-Club beitreten. Die kostenlose Mitgliedschaft bringt nur Vorteile. So erhalten die Kids ein Begrüßungsgeschenk, einen eigenen Ausweis, persönliche Geburtstagsgrüße und einen Gutschein für ein Kindermenü als Geschenk und Vergünstigungen bei angemeldeten Geburtstagsfeiern!

48 CabrioSol Pegnitz

Badevergnügen bei jedem Wetter

Das CabrioSol Pegnitz ist ein Ganzjahresbad, in dem sich die Eltern und Kinder vergnügen können. Bei schönem Wetter wird einfach das CabrioDach geöffnet und das Hallenbad verwandelt sich in ein Freibad. Im Sommer werden zusätzliche Attraktionen im Außenbereich angeboten.

Das ganze Jahr über ist der Badespaß im CabrioSol Pegnitz garantiert. Während bei schlechtem und kaltem Wetter das Dach über der riesigen Badelandschaft geschlossen ist, wird es bei passenden Temperaturen wieder geöffnet.

Das Angebot im CabrioSol ist vielfältig. Sportlich Ambitionierte trainieren im 25 Meter langen Sportbecken an ihrer Kondition, um danach zur Entspannung in das Solebecken einzutauchen. Nackenduschen, Unterwasserbrodel, zwei Unterwassermassagedüsen und Unterwassermassageliegen sorgen für angenehme Empfindungen.

Für die Kinder gibt es eine große Kindererlebnislandschaft. Hier vergnügen sie sich in der Planschhöhle, erfreuen sich an den Wasserfiguren und genießen den plätschernden Wasserfall. Eine besondere Attraktion ist die 68 Meter lange **Power-Light-Rutsche**, bei der die Rutschfahrt in das angenehme Nass zu einem Abenteuer wird.

Von Mitte Mai bis Mitte September können die Badegäste nicht nur den Aufenthalt im Hallenbad, sondern auch im Freibad genießen. Ganz Mutige springen aus einer Höhe von zehn Metern, bevor sie sich auf der Liegewiese ausruhen

■ **Anfahrt:** Mit dem Auto: Über die A9 nach Pegnitz Richtung Bahnhof. Vom Bahnhof sind es nur noch 200 m
■ **Öffnungszeiten:** Sept.–Mai jeweils Mo–Do 10–22 Uhr, Fr, Sa 10–23 Uhr, So/Fei 10–22 Uhr
■ **Preise:** Hallenbad (Sept.–Mai) Erwachsene Tageskarte: 7 Euro, Kinder: 5 Euro
■ **Altersempfehlung:** Ab 0 Jahre
■ **Einkehr:** Im CabrioSol
■ **Info:** CabrioSol, Badstr. 4, 91257 Pegnitz, Tel. 09241/48 90 80, www.cabriosol-pegnitz.de

Badespaß im CabrioSol

und sonnen. Das Kleinkinderbecken ist ein Anziehungspunkt für die Jüngsten. Gemeinsam mit anderen kleinen Badegästen rutschen sie von der Kleinkindrutsche und erfreuen sich an den Clown- und Pelikan-Wasserspritzen. Damit die Sonne der zarten Kinderhaut nicht schadet, wird ein Sonnensegel in der Saison gespannt.

Im **Wildwasserkanal** lassen sich die größeren Kids und Erwachsenen treiben und kämpfen zeitweise gegen die Strömung an. Wasserfontänen und auch die Wasserrutsche sorgen für Abwechslung.

Auf dem »Land« haben die Jungen und Mädchen die Möglichkeit, das große Piratenschiff zu erkunden. Sportliche unter ihnen nutzen die Beachvolleyballfelder, die Tischtennisplatten oder das Fußballfeld. Ein riesiges Schachfeld steht ebenfalls zur Verfügung.

Wärmeliebende Familien nutzen die Saunalandschaft mit Finnischer Sauna, Saunarium, Salzsauna, einer Außensauna (Kelo-Sauna), dem Dampfbad, Tauchbecken und Erlebnisduschen.

Ciabattini mit geräuchertem Lachs, Ofenkartoffel mit Kräuterquark oder auch Salatteller mit Hähnchenbruststreifen lassen sich die Eltern und Kinder in der Gastronomie des CabrioSols in Pegnitz schmecken. Für Kinder gibt es zudem Donuts und Eis.

Tipp
Neben verschiedenen Events werden in dem Ganzjahresbad auch Kindergeburtstage veranstaltet. Kinder im Alter von 4 bis 9 Jahren können mit max. 5 Freunden in der Badelandschaft feiern. Für 3 Stunden beträgt die Gebühr 90 Euro. Informationen und Anmeldung unter Tel. 09241/48 92 83.

49 Juramar Pottenstein

Baden fast wie im richtigen Meer

Im Freizeit- und Erlebnisbad Juramar in Pottenstein schwimmen die Familien in Salzwasser. Das »Salt Walter Light R« ist nicht nur für die Haut eine Wohltat, sondern wirkt sich auch belebend auf das Gemüt aus. Natürlich ist für Action im Wasser gesorgt.

Badespaß im Freizeit- und Erlebnisbad Juramar in Pottenstein ist garantiert. Den Badegästen stehen ein Schwimmbecken mit 28,5 Grad Celsius, ein Kinder- und Spaßbecken mit 32 Grad Celsius sowie ein Außenbecken mit 31 Grad Celsius zur Verfügung. Außerdem gibt es im Freizeitbad eine Wasserrutsche, die über 53 Meter lang ist. Das Kinderbecken ist bei den Minis besonders beliebt. Hier sausen sie unter den wachsamen Augen ihrer Eltern immer wieder von der kleinen Rutsche und spielen mit dem Wassersprudel. Die Wassertemperatur des Kinder- und Spaßbeckens beträgt ca. 32 Grad Celsius, sodass die Kleinen nicht frieren müssen.

Im Saunabereich lassen sich die Familienmitglieder verwöhnen. Eine schöne Dachterrasse und eine Panorama-Sauna wirken wie die 90-Grad-Sauna und eine 75-Grad-Sauna mit Sternenhimmel wohltuend. Außerdem steht eine Infrarotkabine zur Verfügung.

Im Freizeit- und Erlebnisbad Juramar können schon die Kleinsten in den Familien an Kursen teilnehmen. Säuglinge betätigen sich aktiv mit Mama oder Papa am Babyschwimmen, was sich wohltuend auf die Motorik und die Sensorik sowie den Gleichgewichtssinn auswirkt. Die Kleinkinder lernen beim Kleinkindschwimmen das Element Wasser mit seiner ganzen Wirkung

■ **Anfahrt:** Mit dem Auto: Über die A9, B2 oder B22 und B470 nach Pottenstein
■ **Öffnungszeiten:** Mai–Okt Mo 13–18 Uhr, Di, Do, Fr 10–21 Uhr, Mi 10–22 Uhr, Sa 13–19 Uhr, Sa, So 10–19 Uhr; Nov.–Apr. Mo 13–18 Uhr, Di 13–21 Uhr, Mi 13–22 Uhr, Do, Fr 13–21 Uhr, Sa 13–19 Uhr, Sa 13–19 Uhr, So 10–19 Uhr
■ **Preise:** Erwachsene: 5,20 Euro, Kinder ab 4 Jahre: 4,20 Euro, Familien: 16,50 Euro
■ **Altersempfehlung:** Ab 0 Jahre
■ **Einkehr:** Cafeteria/Bistro, Tel. 09243/701 74 88
Info: Freizeit- und Erlebnisbad Juramar, Am Kurzentrum 4, 91278 Pottenstein, Tel. 09243/90 31 66, www.juramar.info

kennen und lassen die Angst der wasserscheuen Jungen und Mädchen vergessen. Für die Kurse Baby- und Kleinkindschwimmen ist eine frühzeitige Anmeldung empfehlenswert, da die Gruppengröße auf maximal zehn Babys und Kleinkinder beschränkt ist. Die Kurse selbst finden immer samstags statt, für Babys ab 8.45 Uhr, für die Kleinkinder ab 9.30 Uhr.

Kinder im Alter von sechs bis vier Jahren haben die Möglichkeit, ihren Kindergeburtstag im Freizeit- und Erlebnisbad Juramar zu feiern. 3,5 Stunden Badespaß stehen auf dem Programm. Ein Essen und ein Getränk erhalten die Mädchen und Jungen zur Stärkung. Zudem können sie sich über eine kleine Überraschung freuen. Die Gruppe sollte aus mindestens fünf Kindern bestehen. Die Kosten betragen 8 Euro, wobei das Geburtstagskind natürlich eingeladen ist. Telefonisch ist die Anmeldung unter der Nummer 09243/90 31 66 rechtzeitig vorzunehmen.

Planschen und Schwimmen lässt Hunger aufkommen. In diesem Fall kann das Bistro aufgesucht werden. Warme sowie kalte Speisen und Getränke stärken die kleinen und großen Badegäste. Für die Kleinsten gibt es sogar eine separate Kinderkarte.

Kleine Schwimmpause

Kinderparadies im Freizeitbad

Freibäder und Badeseen

50 Freibäder und Badeseen

Sobald die Temperaturen steigen und die Sonnenstrahlen an der Nase kitzeln, machen sich auch die Freibäder für den Sommer bereit. In Franken gibt es zahlreiche auszuprobieren. Nachfolgend wurden einige Freibäder und Badeseen zusammengestellt.

Badeseen

Altmühlsee in Gunzenhausen: Baden, Surfen und Kiten sind am Badesee möglich. Außerdem befinden sich vor Ort ein Fahrradverleih und ein Tretbootverleih. Ein Surfzentrum, eine Surf- und Segelschule, zwei Campingplätze, Gaststätten und Kioske können ebenfalls genutzt werden.

Feucht-fröhliche Rutschmanöver

Badesee in Niedernberg: Die Wasserfläche des Baggersees beträgt ca. 30 000 Quadratmeter. Es gibt einen Sandstrand, eine Freizeitanlage, einen Volleyballplatz und eine Tauchschule. Umkleidemöglichkeiten, sanitäre Anlagen, ein Kiosk und Parkplätze sind außerdem vorhanden.

Badesee Trebgast: Er gilt als einer der schönsten Badeseen in Franken. Neben Baden ist auch Ruderbootfahren möglich. Ein besonderes Highlight ist die Insel inmitten des Sees.

Birkensee: Dieser See liegt im Lorenzer Reichswald und ist ein Baggersee. Vom Parkplatz aus sollten 15 Minuten Fußmarsch eingeplant werden. Der See ist ein Geheimtipp und wird auch als FKK-Badesee genutzt.

Dechsendorfer Weiher: Der Weiher im Norden von Erlangen-Dechsendorf wird während der warmen Jahreszeit zum Segeln, Surfen, Tretbootfahren sowie als Freibad genutzt. Im Winter laufen die Familien Schlittschuh.

Ellertshäuser See in Stadtlauringen: Der große Stausee in Unterfranken verfügt über Liegewiesen, Bootshafen, Bootsverleih, Segelschule und Regattastrecke, eine Gaststätte und mehrere öffentliche Grillplätze. Außerdem stehen Wanderwege, ein Campingplatz und 500 Pkw-Parkplätze zur Verfügung.

Erlabrunner Seen: Die beiden Seen zwischen Margetshöchheim und Erlabrunn bieten großzügige Liegewiesen und für die Kids einen Kinderspielplatz. Das absolute Highlight ist eine Seilbahn, die vom Ufer auf eine kleine Insel im Wasser geht.

Fichtelsee in Fichtelberg: Schwimmen, Bootfahren und Wandern sind hier möglich. Schlittschuhlaufen zur kalten Jahreszeit ist auf dem Fichtelsee sehr beliebt.

Förmitzsee in Schwarzenbach an der Saale: Baden, Surfen, Tauchen, Segeln, Angeln, Radeln und Wandern sind die Freizeitangebote. Grillstellen können gleichfalls genutzt werden.

Frankenwaldsee in Lichtenberg: Baden, Bootfahren sowie Radeln locken viele Familien im Sommer an. Im Winter lädt der See zum Eislaufen und Eisstockschießen ein.

Froschgrundsee in Weißenbrunn: Der Badesee ist umgeben von Wander- und Radwegen. Pkw-Parkplätze sind vorhanden.

Goldbergsee in Marktschorgast: Ein Naturfelsenbad, solarbeheizte Nichtschwimmer- und Planschbecken, Kiosk, Liegewiese und ein Kinderspielplatz stehen zur Verfügung.

Kleiner Brombachsee: Um den beliebten See führt ein 8,4 Kilometer langer Radweg. Neben dem Campingplatz gibt es Seezentren auf der Badehalbinsel Absberg und in Langlau. Ein Segel- und Surfzentrum, ein Wohnmobilübernachtungsplatz, ein Zeltplatz sowie eine Minigolf- und Bogenschießanlage runden das Angebot ab.

Naturbadesee in Arnstein: Liegewiese, Spielwiese, Naturspielplatz, Beachvolleyballfeld, Steg, Wasserfloß, Kiosk mit Seeterrasse, Pkw-Parkplätze, Fahrradparkplatz und behindertengerechte Sanitäranlagen stehen zur Verfügung.

Schwimmbad mit Badesee in Großwallstadt: Schwallduschen, Strömungskanal, Wasserpilz, vier Massagedüsen (Relax), drei Bodenblubber, Wasserspeier (Wasserfall) und eine 58 Meter lange Riesenrutsche (Großrutsche) sind die Attraktionen. Außerdem verfügt das Bad über ein großes Becken, ein Nichtschwimmer- und Schwimmerbecken, Wettkampfbecken und Sprunganlage.

Untreusee in Hof: Der See ist ein Treffpunkt für Schwimmer, Segler, Surfer, Angler, Spaziergänger. Bekieste Badestrände, Liegewiesen, ein Abenteuerspielplatz, ein Beach-Volleyball-Platz und ein Kletterpark mit vier Parcours auf 10 000 Quadratmeter Fläche sind die Highlights. **Infos:** www.untreusee.de

Freibäder

Aqua Sole Bade- und Saunaparadies in Kitzingen: Marktbreiter Str. 8, 97318 Kitzingen: Das Freibad verfügt über Sport-, Lehrschwimm- und Planschbecken, Innensaunen, ein Dampfbad und vier Außensaunen.

Bibert Bad Zirndorf: Neptunstr. 8, 90513 Zirndorf: Schwimmbecken, Sprungbecken mit Sprungturm sowie ein Familienbereich mit Wasserspielgarten werden gern genutzt.

Dallenbergbad: König-Heinrich-Str. 1, 97082 Würzburg: Das Dallenbergbad zeichnet sich durch seine Größe aus. Nichtschwimmerbecken mit
Breitwasserrutsche, Zehn-Meter-Sprungturm am separaten Sprungbecken, Liegewiese und Beachvolleyballfeld sorgen für einen sportlichen
und erholsamen Aufenthalt.

Bambinischwimmen im Freibad

Erlebnisbad Crana-Mare: Gottfried-Neukam-Str. 25, 96317 Kronach: Die
Attraktionen sind ein beheiztes 50 Meter-Schwimmer- und Wettkampf-
becken, Sprunganlage (1 m und 3 m), eine 71 Meter lange Wasserrutsche,
Eltern-Kind-Bereich mit Erlebnisbecken, Kinderrutsche und Schiffchen-
kanal, Wildwasserkanal, Erlebnisbecken »Perlbucht«, Beachvolleyballfeld,
Bolzplatz, Tischtennisplatten, weitläufige Liegewiese, Badebar.

Nervenkitzel auf dem Volksfest

Feste

BREAK DANCER N°1

51 Feste

Januar

- Nürnberg: Alle zwei Jahre findet das Zauberwort-Geschichtenerzählerfestival am Wochenende um Dreikönig statt.

Februar

- Nürnberg: Internationale Spielwarenmesse

März

- Bayreuth: Das Bayreuther Frühlingsfest ist ein Event für die ganze Familie. Schausteller und Gastronomen finden sich hier jedes Jahr ein.

- Nürnberg: Die Messe »Freizeit, Garten und Touristik« im Messezentrum Nürnberg ist ein besonderes Event.

April

- Coburg: Frühlingsfest. Das Volksfest auf dem Ketschenanger lädt die Kids zu Karussellfahrten ein und verwöhnt eine Vielzahl von Gaumen mit leckeren Speisen und Getränken. Für die musikalische Umrahmung ist ebenfalls gesorgt.

- Ganz Franken: Die festlich geschmückten Osterbrunnen können von der Fastenzeit bis Ostern in ganz Franken besucht werden.

- Kulmbach: Volksfest

Mai

- Ansbach: Altstadtfest

- Ansbach: Ansbacher Frühlingsfest

- Bayreuth: Bayreuther Volksfest

- Uffenheim: Walpurgifest mit Festumzug der Maienkönigin

- Wassertrüdingen: Heimat- und Volksfest

Juni

- Aschaffenburg: Auf dem Volksfest fahren die Familien Riesenrad oder auch Karussell. Für genügend Action ist gesorgt!

- Kitzingen: Das Stadtfest findet am ersten Juni-Wochenende statt. Neben viel Livemusik gibt es auch eine Spielstraße.

- Rothenburg o.d.T.: Rothenburger Volksfest – Am Spitaltor findet man das Volksfest mit Krämermarkt. Ab 12 Uhr hat es täglich geöffnet.

Juli

- Bayreuth: Bayreuther Bürgerfest

- Bischofsheim a.d. Rhön: Stadtfest

- Coburg: Das nostalgische Groß-Riesenrad ist zum Schützenfest das besondere Highlight für die Familien.

- Diespeck: Dorffest

- Feucht: Das Bürgerfest wird durch die Feuchter Vereine organisiert. Programmstart ist jeweils um 14 Uhr. Die Familien können sich über viele Überraschungen freuen.

- Feucht: Auf der Kirchweih probieren die Familien zahlreiche Fahrgeschäfte aus. Außerdem gibt es viele Buden und Verkaufsstände.

- Gefrees: Gefreeser Wiesenfest. Das traditionelle Volks- und Wiesenfest findet jedes Jahr am zweiten Wochenende im Juli statt. Jeweils am Sonntag und Montag ziehen die Festzüge durch die Innenstadt.

- Kulmbach: Altstadtfest

- Moosbach: Karussells und viel Musik gibt es auf der Kirchweih rund um die Taverne Dionysos im OT Moosbach zu erleben.

- Schwabach: Bürgerfest (Altstadtfest)

- Selb: Das Selber Heimat- und Wiesenfest ist ein echtes Volksfest, bei dem ein farbenfroher Festzug mit Schulkindern durch die Innenstadt zum Goldberg zieht.

- Stadtlauringen: Schützenfest Oberlauringen

- Steinbach a. Wald: Trachtenkirchweih mit Plantanz

- Tettau: Schützenfest

- Treuchtlingen: Das Volksfest lockt viele Besucher an. Für Unterhaltung und Gaumenfreuden ist gesorgt.

- Wertheim: Mit musikalischer Umrahmung probieren die Besucher verschiedene Leckereien in den Gassen auf dem Wertheimer Altstadtfest aus.

- Würzburg: Killiani-Volksfest

- Wunsiedel: Volks- und Wiesenfest

August

- Aschaffenburg: Zwei Tage lang währt das Aschaffenburger Stadtfest. Auf mehreren Bühnen präsentieren Bands ihre Musik.

- Ebermannstadt: Altstadtfest (Festprogramm unter www.ebermannstadt.de verfügbar)

- Erlangen: Erlanger Marktplatzfest

- Seßlach: Das bunte Altstadtfest ist durch einen Flohmarkt, Kunsthandwerker, Musik und das Seßlacher Kasperle geprägt.

- Steinbach a. Wald: Schützenfest

September

- Ebermannstadt: Die Kirchweih findet man am Oberen Tor. Der Kirchweihbaum wird auf dem Marktplatz aufgestellt. Auf der Hauptstraße wird zudem ein Jahrmarkt veranstaltet.

- Einersheim: Auf dem Markt finden zur Kirchweih historische Umzüge und Tanz statt. Der Rummelplatz begeistert besonders die Kleinsten.

- Wertheim: Die Wertheimer Michaelismesse ist ein riesiger Vergnügungspark, der viel Fun und Action bietet.

Lustige Karussellfahrt

Oktober

- ■ Kitzingen: Auf dem Etwashäuser Kirchweihumzug sind besonders die bunten Blumen- und Gemüsewägen sehenswert.

- ■ Rothenburg o.d.T.: Rothenburger Herbstmesse mit Volksfest

- ■ Tettau: Kirchweih

November

- ■ Herzogenaurach: Die Martinikirchweih ist ein Schausteller- und Krämermarkt mit vielen Überraschungen. Außerdem haben alle Läden geöffnet.

- ■ Ludwigsstadt: Kirchweih in Steinbach an der Haide

- ■ Marktleugast: Martini-Kirchweih mit Martinimarkt

Dezember

- ■ Bad Rodach: Jedes Jahr am 3. Advent ist die Fränkische Weihnacht in Bad Rodach zu erleben.

- ■ Nürnberg: Der Nürnberger Christkindlesmarkt öffnet bis Weihnachten seine Tore.

Orts- und Sachregister

A

Abenberg 72
Abenteuerpark Betzenstein 26
Ahorntal 67
Altmühlsee 132
Altstadtfest 139, 140, 141
Ansbach 138
Ansbach 91
Aqua Sole Bade- und Saunaparadies 134
Arnstein 134
Aschaffenburg 99, 139, 140
Auerbach 73

B

Baby- und Kleinkindschwimmen 129
Bad 133
Bad Colberg 37
Bad Königshofen 36
Bad Mergentheim 54
Bad Rodach 141
Badsee 133
Baiersdorf 109
Bamberg 107
Bamberger Vogelsaal 108
Barfuß- und Naturerlebnispfad 71
Bayerischer Jagdfalkenhof 28
Bayreuth 138, 139
Bibert Bad 134
Bikepark 42
Birkensee 133
Bischofsheim 139
Blumenberg 21
Botanischer Garten 60
Botanischer Lehrpfad 25
Bowling 99
Brennberglift 74
Brüder-Grimm-Haus 94
Burg 67
Bürgerfest 139

C

CabrioSol 126
Center 120
Christkindlesmarkt 141
Coburg 112, 138, 139

Coburger Puppenmuseum 80
Crana-Mare 135

D

Dallenbergbad 135
Dampfbahn 47
Dechsendorfer Weiher 133
Deutsches Dampflokmuseum 34
Diespeck 139
Dietenhofen 105
Dinkelsbühl 92
Doos an der Wiesent 40
Dorffest 139
Draisendorf 73

E

Ebermannstadt 140
Ebermannstadt-Behringersmühle 47
Egloffstein 21
Eichstätt 21
Einersheim 140
Eislaufen 72
Elabrunner Seen 133
Ellertshäuser See 133
Entenberg 73
Erlangen 60, 140
Erlebnisbad 122, 135
Erlebnispark Schloss Thurn 14
Etzelwang 74
Europabad 124

F

Falknerei 67
Ferien- und Freizeitprogramm 114
Ferienprogramm 81
Feste 139
Feucht 72, 139
Fichtelberg 133
Fichtelsee 133
Flößermuseum 41
Flugvorführung 69
Forchheim 84
Förmitzsee 133
Formula 121
Fossiliensammelstelle 21
Franken 120
Frankenalb 40

Frankenwaldsee 133
Fränkische Schweiz 40, 47
Fränkische Weihnacht 141
Fränkisches Freilandmuseum Fladungen 18
Fränkisches Seenland 40
Fränkisches Weinland 40
Fränkisches Wunderland Plech 30
Freibad 134
Freiland-Museum »Opas Bauernhof« 25
Freizeit- und Erlebnisbad 128
Freizeit-Land Geiselwind 24
Freizeitbad 123
Freizeitpark »Villeneuve sur Lot« 112
Freizeitpark 24, 30, 38
Froschgrundsee 134
Frühlingsfest 138
Führung 119
Fun Fabric Bowl 99
Fürth 73, 90

G

Gasthof Schlehenmühle 21
Gaukönigshofen 63
Geburtstag 39
Gefrees 139
Gerolzhofen 121
Goldbergsee 134
Görauer Anger 74
Graf-Luxburg-Museum 119
Greifvogel- und Eulenpark 67
Großwallstadt 134
Gunzenhausen 132

H

Haimendorf 50
Handwerkerhof 52
Heideck 74
Heroldsbach 14
Herrieden 74
Herzogenaurach 141
Hochseilgarten 86
Hof 134

Hof 65, 121
Hohenstein 75

I

Idea DschungelParadies Neuenmarkt 33
Indoorspielplatz 82
Indoorspielplatz Megyplay 93
Internationales Puppenfestival 112

J

Juramar 128

K

Kaiserburg 96
Kart 120
Kartbahn 120
Kasendorf 74
Kinder- und Jugendkunstschule 90
Kindercafé 89
Kinderführung 37, 81
Kindergeburtstag 16, 29, 34, 46, 64, 66, 81, 83, 86, 90, 97, 106, 114, 117, 119, 129
Kindergeburtstagsfeier 32
Kindermuseum 111
Kinderprogramm 117
Kinderstadtführung 102
Kindertheater 87
Kirchweih 139, 140, 141
Kirchweihumzug 141
Kitzingen 134, 139, 140
Kleiner Brombachsee 134
Kletter-Seil-Erlebnispark 84
Kletterwald 26
Klingender Wasserfall 50
Konrads Kart 21
Kriminalmuseum 103
Kronach 41, 135
Kulmbach 138, 139
Kupferbergwerk 58

L

Landestheater Coburg 87
Lehrpfad 70

Lichtenberg 133
Lichtenegg 75
Lohr a. Main 78
Ludwigstadt 141

M

Magnesia 84
Märchen-Stadtführung 102
Märchenerzählungen 95
Märchenwald Sambachshof 36
Marktheidenfeld 70
Marktleugast 141
Marktplatzfest 140
Marktrodach 41
Marktschorgast 134
Martinikirchweih 141
Merrettichmuseum 109
Michaelismesse 140
Miniatur-Erlebniswelt 105
Mitmach- und Erlebnismuseum 116
Mitteleschenbach 75
Moosbach 139
Muggendorf 49
Münchberg 91
Museum »Die Bahnschranke« 49
Museum 3. Dimension 92
Museum 94, 103, 104, 110
Museum der Deutschen Spielzeugindustrie Neustadt 111
Museum im Kulturspeicher Würzburg 113

N

Naturbadesee 134
Naturkundehaus 66
Naturkundemuseum 107
Naturlehrpfad 58
Naturpark Altmühltal 23, 40
Neischlhöhle 61
Neuendettelsau 122
Neumarkt 73
Neustadt 111

Nicolaus-Copernicus-Planetarium 117
Niedernberg 133
Nikolausfahrt 49
Novamare 122
Nürnberg 52, 73, 82, 87, 88, 91, 96, 116, 121, 138, 141

O

Obernsees 124
Ochsenkopf 56
Osterbrunnen 138
Osternohe 42, 75

P

Pegnitz 126
Playmobil-Fun-Park 38
Pottenstein 128

R

Rabenstein 67
Rothenberg 75, 103, 139, 141

S

Schloss 101
Schloss Aschbach 118
Schnaittach 42
Schönberg 50
Schule der Phantasie 90
Schulmuseum 118
Schützenfest 139, 140
Schwabach 139
Schwarzenbach an der Saale 133
Schwimmbad 134
Selb 139
Seßlach 140
Skilift 73
Sommerkahl 58
Sommerrodelbahn 30, 56
Sonneberg 112
Sophienhöhle 69
Speckdrumm Kulturverein 91
Spessartmuseum 78
Spielplatz 29, 50, 64, 66, 101
Spies 75
Sprosselbrunnen 51
Stadtfest 139, 140
Stadtlauringen 133, 140

Steigerwald 40
Steigerwald-Motodrom 121
Steinau 94, 101
Steinbach 140
Streichel- und Haustierzoo 63
Streichelgehege 63, 66
Streichelgehege Arche Noah 63
Streichelzoo 28, 36

T

Tettau 141
Thalmässing 75
Theater in der Studiobühne Bayreuth 87
Theater Mummpitz in Nünrberg 87
Theater Salz+Pfeffer in Nürnberg 88
Theater Spielberg in Würzburg 89
Therme 124
Tiergarten 65
Tiergarten Nürnberg 44
Titting 21
Trebgast 133
Treuchtlingen 140
Trimm-Dich-Pfad 71
Tube 91
Tucherland 82
Tumrdersinne 116

U

Uffenheim 138
Unterrodach 41
Untreusee 134

V

Veste Haldenburg 37
Volks- und Wiesenfest 140
Volksfest 138, 139, 140, 141
Volkskundemuseum 119

W

Waldlehrpfad 37
Waldwichtelweg 70
Wanderung 50, 56
Wassertrüdingen 138
Wasserwandern 40

Weihnachtsmuseum 104
Weißenbrunn 134
Wertheim 140
Wilde Rodach 41
Wildpark 54
Wildpark Schloss Tambach 28
Windelsbach 71
Wintersport 72
Wunsiedel 140
Würzburg 89, 113, 135, 140

Z

Zirndorf 38, 73, 134
Zoo 44, 65

Impressum

Unser komplettes Programm:

www.j-berg-verlag.de

Produktmanagement: Sabine Klingan
Lektorat: Ute König, Kitzingen
Layout: Eva-Maria Klaffenböck, www.atelier-luk.de, München
Kartografie: Huber Medien, München
Repro: Cromika, Verona
Herstellung: Barbara Uhlig

Gesamtherstellung: GeraNova Bruckmann Verlagshaus GmbH

Alle Angaben dieses Werkes wurden von der Autorin sorgfältig recherchiert und auf den aktuellen Stand gebracht sowie vom Verlag geprüft. Für die Richtigkeit der Angaben kann jedoch keine Haftung übernommen werden.
Für Hinweise und Anregungen sind wir jederzeit dankbar. Bitte richten Sie diese an:
J. Berg Verlag
Postfach 400209
D-80702 München
E-Mail: lektorat@verlagshaus.de

Bildnachweis: Alle Fotos im Innenteil von der Autorin außer: S. 10 Naturpark Spessart e.V.; S. 12/13 ©PLAYMOBIL/geobra Brandstätter GmbH & Co. KG; S. 19/20 Fränkisches Freilandmuseum Fladungen; S. 25 Freizeit-Land Geiselwind; S. 27 Abenteuerwerkstatt GmbH; S. 29 Wildpark Schloss Tambach-Gräflich Ortenburg'sche Verwaltung; S. 31/32 Wunderland AG; S. 34/35 idea DschungelParadies Neuenmarkt; S. 37 Märchenwald Sambachshof; S. 39 ©PLAYMOBIL/geobra Brandstätter GmbH & Co. KG; S. 41 Kajak Mietservice René Busch; S. 45/46 Tiergarten Nürnberg; S. 51 Stadt Röthenbach a.d.Pegnitz; S. 53 Stadt Nürnberg; S. 57 Toruismus & Marketing GmbH Ochsenkopf; S. 59 Kupferbergwerk Grube Wilhelmine Sommerkahl e.V.; S. 64 Arche Noah; S. 71 Waldkindergarten Marktheidenfeld e.V.; S. 79 R. Scherg; S. 80 Coburger Puppenmuseum; S. 83 Tucherland Nürnberg; S. 85/86 Magnesia Kletter-Seil-Erlebnispark; S. 95 Brüder-Grimm-Haus und Museum Steinau; S. 97/98 Bayerische Schlösserverwaltung; S. 102 Verwaltung der Staatlichen Schlösser und Gärten/ t-ohlwein.de; S. 104 Kriminalmuseum Rothenburg; S. 114/115 Museum im Kulturspeicher Würzburg; S. 117 turmdersinne GmbH; S. 118 Schloss Aschach; S. 127/130 CabrioSol Pegnitz

Umschlagvorderseite: Im PLAYMOBIL-FunPark ©PLAYMOBIL/geobra Brandstätter GmbH & Co. KG
Seite 1: Wasserspiele in Rieneck, Naturpark Spessart e. V.
Umschlagrückseite: Im Abenteuerpark Betzenstein, Abenteuerwerkstatt GmbH

Die Deutsche Nationalbibliothek verzeichnet diese Publikation in der Deutschen Nationalbibliografie; detaillierte bibliografische Daten sind im Internet über http://dnb.d-nb.de abrufbar.

© 2013 J. Berg Verlag in der Bruckmann Verlag GmbH, München
ISBN 978-3-86246-013-7